奔跑吧孩子

儿童运动心理及实践手册

燕子 著

中国法制出版社
CHINA LEGAL PUBLISHING HOUSE

序　言

说起运动对于孩子成长的意义，传统认知通常停留在强身健体上，但随着近些年心理学、脑科学、教育学、社会学等学科的发展，人们越来越认识到，运动对于孩子的心理健康、大脑发育、语言能力的发展、对情绪的控制、社会化发展等方面也有巨大的作用。

仅仅是身体健康，对今天的孩子来说已属不易。孩子们学习时间过长，静坐时间过久，用眼过度，缺少足够的户外活动和体育运动，导致患上近视、肥胖症、心血管病等各种疾病的风险急剧增加。与此同时，青少年的心理问题也日趋严重。很多青少年存在焦虑、厌学、成瘾等心理问题。大量的科学研究表明，体育运动可以同时从生理和心理方面去预防和调节这些健康问题。

英国启蒙思想家约翰·洛克在《教育漫话》一书中，开篇就写道“健康之精神寓于健康之身体，这是对于人世幸福的一种简短而充分的描绘。”一个孩子要使自己的学业有成、事业发展、个人幸福，健康的身体无疑是物质基础，而成才和成功，都要仰仗健康的身体。而体育运动，无疑是促进身体健康最为基础、简单且有效的方式。

运动，还会影响孩子大脑结构和功能，促进大脑神经元的连接和前额叶皮质的生长，刺激大脑释放更多的神经化学物质，包括多巴胺、内啡肽、去甲肾上腺素、内源性大麻素等，提高它们的活跃度，增加孩子的愉悦感和生命力。而愉悦的生命状态，不仅有利于身体健康，也会缓解孩子的压力和焦虑，提升孩子的情绪能力和意义感。

如果是个人运动项目，比如长跑、游泳、跳高等，对于孩子发展独处能力、意志力、专注力、抗挫折能力、自己解决问题的能力都是非常有益的。体育运动中的成功和失利也会让孩子更好地理解成败，学会如何面对挫折、面对失败、面对成功。如果是集体运动项目，比如篮球、足球、冰球等，是非常有利于培养孩子的社会意识、集体性、沟通能力、规则意识、合作精神、对抗性和领导力等品质和能力的。在竞技体育中，孩子不仅能学会全力以赴去争取胜利，还能学会如何体面而有尊严地面对失败。而这种能力对孩子一生的幸福和成就非常重要，却又是当前我们学校教育中经常缺失的部分。

虽然运动对孩子的身心健康和社会性发展都很有利，但会耗费一定的时间和精力，那运动会不会影响孩子的学习成绩呢？结论是否定的，不仅因为运动可以“改造”孩子的大脑，提高孩子大脑记忆和处理新知识的能力，还因为孩子要取得好成绩，所需要的底层品质和能力是目标感、自主性、专注力、阅读习惯、学习方法、意志力、时间管理能力、抗挫折能力等。多刷几道题、多熬几晚、多上几堂课无法锻炼出这些品质和能力，而运动，恰恰能更好地培养和发展出孩子取得好成绩的底层品质和能力。

既然运动对于孩子的成长有如此重要的意义，那么该如何发展孩子的运动能力呢？本书的作者燕子老师给出了三点建议：首先，在生活中给孩子创造更多体验和尝试的机会，培养孩子运动能力，发掘出孩子的运动专长，引导孩子的运动志趣。每个孩子的天赋、潜能和兴趣是有差异的，帮助孩子找到适合自己的运动项目，会让孩子更容易体验到运动的乐趣，取得更好的运动成绩，提升孩子的成就感和自信心，形成良性的正反馈，让孩子在运动中找到乐趣，最终固化成志趣。第二，科学的，有针对性地帮助孩子选择一个适合的、有建设性的兴趣班。运动毕竟有科学性、专业性的特点，作为父母不可能对所有的运动项目都懂、都会、都擅长。即便是像不同年龄阶段的孩子都适合哪些运动项目，哪些项目不适合孩子过早开展，不同的运动项目发展孩子哪些品质和技能等具体问题，大多数父母也

都是不了解的。这本书不仅帮家长理清了思路，更好地选择兴趣班，同时也帮助家长认清其局限，不过分迷信。第三，我们要做一个爱运动的家长，让全家人都动起来，既可以给孩子一个好的榜样示范，又能通过一起运动、做家务，相互陪伴，增进父母与子女间的连接，共同构建起一家人联系的纽带。作者给出的三点建议不仅适用于发展孩子的运动技能，对孩子教育的所有方面都是适用的。父母身体力行的示范，给孩子做一个好的榜样；尊重孩子在天赋、兴趣和成长节奏方面的差异性，鼓励孩子做自己；给孩子创造一个适宜成长的生态环境，激发出孩子作为生命内在自我成长的动力和能力，最终帮助孩子完成自我驱动、自我塑造、自我实现。

作为两个孩子的妈妈，这本书的内容首先是作者自己对于该如何养育自己孩子所给出的答案，所以是诚实而具体的。其次，作为长期从事心理学、公共健康领域的教学和研究工作的运动心理学博士，这本书中关于运动的论述注定是系统而专业的。最后，作为曾经的国家二级运动员，书中所给出的培养孩子运动能力的建议又具有很强的实践性和可操作性。通过阅读这本书，希望越来越多的父母能真正重视体育运动，越来越多的孩子能真正热爱运动。我认为对于一个孩子而言，只要能从小爱上运动、爱上阅读，那么整个人生都不会差的。运动和阅读，会让孩子的身体和灵魂不断的成长，变得强大，宛如给了孩子“根”和“翅膀”，既可以让孩子有勇气和力量，在天地间自由地翱翔，又可以让孩子在风雨来临时能立得住，拥有免于崩溃的力量。对生活始终有热情，对生命始终有敬畏，对自己始终有信心，确信人间值得，岁月可期。

王人平

2023 年 5 月 9 日

前　言

运动，让孩子绽放生命之光

作为运动心理学博士和曾经的国家二级运动员，长期从事心理学、公共健康领域的教学和研究工作，让我有机会在养育自己的两个孩子的过程中更多地去思考和实践运动在孩子成长中的作用和方法。常常有家长向我咨询：一两岁的孩子怎么培养运动能力？孩子运动能力差怎么办？该如何选择运动兴趣班？孩子没有运动天赋，是不是应该放弃在运动上的培养？虽然我尽可能简明扼要地给予针对性的建议，但这些问题都没有标准的答案，也很难用几句话说清楚。这促使了我写这一本书来更具体地回答这些问题。

不少家长让孩子运动的初衷是希望孩子身体发育更好，这确实是运动显而易见的好处。运动能力好的孩子，往往吃得好、睡得香、生病少，家长省了不少心。其实，除了促进身体发育，

运动对孩子成长的作用是多方面的。在本书的第1章和第2章，我们将用科学的理论，系统地梳理运动在孩子从婴幼儿到青少年的成长过程中对其生理发育、语言能力、心理健康、情绪能力、社会化等方面的积极作用。

运动能促进学习吗？还是会减少学习时间，从而影响学习？很多家长抱怨孩子“坐不住”，上课注意力不集中，独立完成家庭作业能力差。这往往跟孩子每天坐的时间太长，缺乏锻炼有关。“动”是天性，是身体和心理的需要，如果“动”的需要被压抑，就会产生相应的行为问题。体育运动可以很好地满足了孩子对“动”的需求；如果“动”的需求被满足了，那么需要“坐”的时候，孩子才能坐得住。在第3章中，我们会用通俗易懂的语言解释为什么运动可以提高学习效率、记忆力和学习能力，也会介绍提高孩子学习能力的方法。

既然运动对孩子有帮助，那是不是让孩子自由玩耍就足够了呢？动作发展有什么规律？什么时候是培养孩子运动能力的“关键期”？家长如何把运动融入到生活的场景和家务活动中，让孩子在“动”中发展运动能力，促进积极的情感体验，增强家庭责任感？在本书的第2章、第4章和第5章，我们将针对各年龄阶段孩子身心的发育特点，给出许多适合孩子的运动项目和游戏。

我跟其他家长一样，一度担心孩子每天久坐会引起的身体发育和心理问题。久坐直接导致每天运动量不够，造成超重甚

至肥胖。久坐会对颈椎和腰椎产生长期的压力，造成脊柱发育不良，引起驼背，影响身体发育。久坐往往也因过度使用电子产品造成。我们的孩子越来越多地被束缚在电子产品中，网课、课后班、电子游戏，越来越多地占据了孩子的时间和注意力。特别是很多男孩子的家长发现网络游戏已经严重地影响了孩子的正常学习，社会交往。甚至一些孩子出现上瘾、抑郁等心理问题。积极参与运动可以很好地缓解这一问题。运动兴趣班提供了让孩子放下手机与电脑，在运动中找到乐趣，提高社交能力的途径。在实践中，很多家长纠结什么时候送孩子去运动兴趣班，如何发掘孩子的运动天赋，在众多运动项目中如何选择，在各种兴趣班中如何考察其质量。在本书的第 6 章和第 7 章，我们将对这些问题进行探讨。

运动兴趣班绝不仅仅是为“有天赋”的孩子准备的。我不鼓励每个孩子一定要通过打败对手去争第一，而是让孩子在参与竞技的过程中享受到参与的乐趣和进步的喜悦，同时也能认识到自己的不足，学会面对挫折。在这个过程中，认识自己、结交朋友、提高意志品质、形成良好的心理素质。但在这个过程中遇到具体的问题时应该怎么解决；孩子运动能力强，要不要“推”，要怎么“推”；孩子运动成绩不理想该不该放弃。在本书的第 8 章和第 9 章，我们将探讨家长在培养孩子运动特长过程中应该有的心态，做决定时的原则和需要注意的问题。

还有一个往往被我们忽视的问题：对身体教育的不够重视

使儿童和青少年缺少机会和意愿了解和认识自己的身体，就更谈不上去“照顾”自己的身体。一方面，青少年的肥胖率接近20%，[①] 他们在未来患上心脑血管疾病的概率会显著增加。我们也时常听到不少青年人不注意劳逸结合，导致过劳死的报道。另一方面，很多青少年会因为自己的身体不够“完美”而自卑。我们对女性的身材形象的审美也越发趋于单一：瘦、更瘦。这也导致很多女孩子用极端且不健康的方法减肥。这样极端地对“瘦”的追求也从侧面反映出女性对身体缺乏自信。

这和我们缺乏“身体教育”不无关系。回想一下我们什么时候教过孩子去了解和探索自己的身体呢，你仔细观察过自己的身体吗，你的手指、上肢、下肢能伸展多远，能完成什么动作，能跑多远，柔韧度又怎么样，你喜欢你的身体带给你的力量吗？

如果我们了解自己的身体，也许会发现自己身体更多的优点，不再那么单纯地追求以瘦为美。如果爬个楼都气喘吁吁，你会希望自己的身体更强壮一些；如果你喜欢跑步，你会希望自己的腿部有更多肌肉，而不去羡慕和追求“火柴棍”一样的双腿。在运动中让孩子认识自己的身体，爱自己的身体，是儿童和青少年缺乏的一门课。了解自己的身体，孩子才能在今后

① 参见中国儿童中心编、苑立新主编：《中国儿童发展报告（2021）》，社会科学文献出版社 2021 年版

的成长和生活中去管理、爱惜和改善自己的身体。

最后，孩子运动能力的发展和培养离不开家长的参与与支持。有运动氛围的家庭环境才能养育出爱运动的孩子，这首先就要求家长能积极参与运动，做好榜样。如果你没有运动的习惯，又工作繁忙，那怎样去帮助自己形成良好的运动习惯，引导全家人一起积极参与运动呢？本书的最后两章将给你答案。

我的儿子和女儿今年9岁和7岁了。跟绝大多数家长一样，我最常思考的问题是：除了给孩子提供良好的学习环境，我还能为孩子做些什么让他们健康成长，发展健全的人格，并有能力去应对未来的各种挑战。这本书是我给自己的答案之一。我也希望家长通过对本书的阅读和思考，认识到在学习知识之外，运动为孩子创造了一个独特的生态环境：孩子可以在运动中强健身体、获得乐趣、结交朋友、满足其身体和心理的需求。运动也可以健全身心，改善情绪，缓解压力，提高自信，最终提升生命力。这股积极向上的生命力，是他们的“隐形的翅膀”，可以帮助孩子抵御在未来的学习生活中遇到的挫折，以健全的身心去拥抱未来美好的生活，绽放生命的光芒。

目　录

第1章　运动到底有什么用?

第2章　运动能力的培养，为什么不能"顺其自然"

第3章 运动与大脑

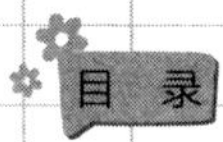

第4章 各年龄阶段促进运动技能发展的活动

第5章 一举两得的家务活动

第6章 运动兴趣班，有必要吗？

第7章 学龄期运动兴趣班的选择

第8章 引导孩子的运动乐趣

第9章 孩子运动能力差怎么办？

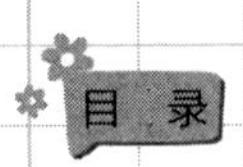

第10章 做一个爱运动的家长

第 11 章 让全家人动起来

第1章

运动到底有什么用？

和上英文班、奥数班相比，学习和参加一项运动带来的“好处”似乎微不足道。在我们的传统观念里，知识和智力活动要优先于身体活动，知识类学习远远重要于身体技能的发展。“知道如何去做”比“做”更重要。在很多家长的眼里，运动就是游戏，是“玩”，玩的重要性是排在学习这类“严肃”的事情之后的。在升学的压力下，哪里还有工夫去“玩”呢？就算学会一项竞技性运动，能参加个比赛，似乎也没有什么实质性的“好处”，实在不能“学”到太多东西。那为什么我们还要把运动放在很重要的位置并大力提倡呢？为什么我们还要在中考、高考甚至大学毕业时对体育进行考核呢？

“玩”的价值

“玩”为什么这么重要？因为它提供了人类精神世界的高级“养料”，包括乐趣、挑战、刺激、创造、友谊，等等。乐趣重要吗？我想没有人会否定追求乐趣或者快乐的意义。你也许会说，我读一本书会很快乐。但这与身体运动带来的快乐是不同维度的。婴儿用手抓握到彩色玩具，就会咯咯笑；幼童们踩泥巴、玩沙、戏水，乐此不疲；上学后孩子们参加体育活动或者比赛，进一个球，甚至赢一场比赛，可以兴奋好几天，这些都是实实在在的、不可代替的快乐。

对孩子而言，运动就是“玩”，是童年生活最重要的部分。我们上学以后，除了在课堂上学习那些前人积累下来的“知识”，也会去操场跑、跳、打球，探索和培养身体的各种能力，体会身体和环境互动带来的各种快乐。一个孩子如果在运动中得到了快乐和满足，那他一定是不愿意拿这些来交换课堂里学到的那点“知识”的。如果你的运动能力恰巧特别出色，那么在学习成绩之外，你又有了一项可以让自己“自豪”的能力，这会让人多么快乐又有成就感。培养孩子获得这样的成就感，也正是教育的重要目的之一。

在“玩”和“运动”中，我们通过身体去认识和探索这个世界。当儿童学会握笔以后，他们可以画下看到的或者想象中的物体，通过这种方式认识世界；小朋友学会骑车后，他会发现在自行车上感受到的世界和走路感受到的世界很不一样；孩子们会游泳后，会沉浸在奇妙的水世界中；他们学会攀爬以后，就可以看见不一样的风景，甚至有机会去体验课本中读到的“一览众山小”的意境。我们希望四处漫游、用脚去丈量、用手去触摸、用眼睛去观察这个世界。我国古人讲“读万卷书，行万里路”，正是肯定了“身体学习”在人一生的发展中的重要意义。

运动不只是为竞技体育而存在

运动绝不只是为竞技体育而存在的。对于大多数没有特别运动“天赋”的儿童和青少年来说，运动技能的培养依然非常有必要。在婴幼儿和儿童时期，运动能促进动作技能的基本发展，从走路、跑步到抓握、涂鸦等，这些动作技能是孩子未来参加游戏和运动的基础。当儿童可以在各种环境中成功地使用基本运动技能，那么他们就更有可能融入同伴的活动中，并形成良好的自信。

跑是所有运动的基础。当孩子奔跑时，速度带来了感知世界的另一种方式。

运动对婴幼儿的个体心理发展也有着非常重要的作用。**我们不仅是因为需要去感知世界而去“动”，也会为了“动”去感知世界。**比如，婴儿看着周围的物品而好奇所以想要去触摸，伸手抓握的这个动作就是婴儿用运动去增加自己感知觉的过程。同时，婴儿如果想要爬上家里的楼梯，他就会从认知上去衡量这个任务的难度和自己的能力。运动和心理交互作用，相互促进，是成长的重要组成部分。如果儿童没有被给予足够的运动机会，就会阻碍其身体和心理的发展。

运动还能促进婴幼儿语言能力的发展。研究发现，婴儿时常会有节奏地做一些重复性动作，这其实是他们在利用身体为语言能力的发展作准备。[①] 比如，当婴儿进行有节奏的手臂运动（如拍手）时，他们嘴里也往往会发出类似节拍的声音，带有重复性，有节奏的手臂运动也是有组织性的动作。通过这样的练习，身体动作为牙牙学语提供了支持，从而促进了语言能力的发展。因此，进行有节奏的手臂运动（如敲击）为重复性的牙牙学语的发展提供了支持，从而促进语言能力的发展。

运动不仅可以给儿童和青少年提供认知经验，也可以给孩子创造各种新问题、新挑战的情境，使个体能够多角度、全方位地深入探索周围的自然和社会环境。这样的探索对他们的情

---

① Iverson, J. M. (2010). Developing language in a developing body: The relationship between motor development and language development. *Journal of child language*, *37*(2), 229–261.

绪发展，自我意识等都有积极影响。比如，孩子看到游乐园的攀爬设施就会想办法尝试爬到顶端，自己的脚放哪儿，手放哪儿，得一直思考和尝试；一个简单的滑梯，孩子也会创造性地玩儿出花样：坐着滑，躺着滑，趴着滑。家长有时会觉得危险，在孩子眼中这种探索可正是在研究和创造呢。这样的探索又何尝不是成长最需要的养料。

对成人很简单的攀爬对孩子来说却是全新的尝试和学习。这需要儿童有一定的力量，手脚的配合和克服一定的恐惧。通过尝试，了解了自己身体的能力，建立安全感，并在身体和环境的互动中慢慢构建对这个世界的认知。

运动的另一个现实意义是，爱运动的孩子发育一般也比较好。爱运动的小朋友消耗大，自然也会吃得多，睡得好。很多家长常常为小朋友吃不好饭，睡不好觉而发愁，与其寻医问药，不如试试“运动”这个良方。

同样，运动对儿童大脑的发育影响也是非常突出的。以前，一些家长由于忙于务农，把孩子放在育儿沙袋里。研究发现，虽然孩子在“育儿沙袋”里环境相对安全，但由于缺乏身体活动的机会，他们的智力发育就会显著落后于其他儿童。[①]往往还会导致学习成绩落后，情绪发展也相对缓慢。任何运动技能的学习，本质上都是建立新的脑神经通路和通过练习形成肌肉记忆。运动可以显著推动儿童的大脑发育，特别是小脑（主要控制运动能力，学习能力），运动相关皮层（控制运动执行），前额叶（控制执行能力，感知能力，计划能力）以及海马区（主要控制记忆）的发育。查多克（Chaddock）等人的研究显示，儿童的体能水平和大脑的结构和认知水平呈显著正相关。[②]也就是说，运动能力好的儿童大脑发育也会更好。关于运动和大脑的关系，我们将在第3章具体论述。

---

① 梅建：《“沙袋养育儿”的智力分析研究》，载《心理科学》1991年第1期，第44—46页.

② Chaddock-Heyman, L., Hillman, C. H., Cohen, N. J., & Kramer, A. F. (2014). III. The importance of physical activity and aerobic fitness for cognitive control and memory in children. *Monographs of the Society for Research in Child Development, 79*(4), 25–50.

运动促进解决问题的能力

对自我的认知能力即“元认知”能力（metacognition）。元认知是个人对自我认知过程的调节，是对思维和学习活动的认知和控制。一方面，参与学习活动能促进元认知的发展，进而促进运动技能的学习和发展；另一方面，一个人在学习和练习一项运动中所发展起来的分析解决问题的能力同样可以迁移到学习中。

研究表明，参与运动训练能很好地促进青少年的元认知能力，增强其认知问题和分析问题的能力，从而促进学习活动的发展。[①] 如下：

问题是什么？ ⟶ 我为什么没考好？我为什么比赛成绩不好？

造成的原因是什么？ ⟶ 不够努力？动作（知识）难点没有攻克？

怎么解决？ ⟶ 更多的练习？巩固动作（知识）难点？

青少年在这样的情境中可以不断锻炼自己解决所遇到的问题的能力，并把这样的能力迁移到学习、运动和生活的其

---

① Alvarez-Bueno, C., Pesce, C., Cavero-Redondo, I., Sanchez-Lopez, M., Martínez-Hortelano, J. A., & Martinez-Vizcaino, V. (2017). The effect of physical activity interventions on children's cognition and metacognition: A systematic review and meta-analysis. Journal of the American Academy of Child & Adolescent Psychiatry, 56(9), 729–738.

他方面。

运动促进社会化的发展

体育运动的另外一个特点是促进社会化。孩子从出生那一刻起，就受到父母的万千宠爱：每一声啼哭都会得到父母的关注，每一个诉求都会得到父母的回应。这样的爱不仅给了孩子身体上的呵护，也让孩子建立起对周围环境的安全感和信任感。在孩子幼小时，对自己和环境的认识都是基于以自我为中心的：自己是太阳，而周围的人都像行星一样围着自己旋转。但是随着年龄增长，幼儿需要逐步社会化，需要在和其他人的互动中重新认识自己，认识自己和他人的关系，并学会参与社会活动。而体育活动为孩子的社会化提供了一个非常好的方式。

比如，从1岁多开始，小朋友就开始探索自己的社交技能了。刚开始只是简单地和小伙伴“平行玩耍”——也就是各玩各的。慢慢地，孩子就会开始和小伙伴互动玩耍。一方面，小朋友动作技能的良好发展可以帮助他们和同龄人进行更多互动，促进社会技能；另一方面，良好的社会技能也能促进孩子在和同伴互动中通过观察学习，促进自己的动作技能发展。运动有助于孩子增加人际交往的机会，学会认识、尊重自己和他人。研究表明，在婴儿18个月时，其运动能力和沟通技能高度相关，并且此时的运动技能可以预测其3岁时的沟通技能。[①]这表明运动技能可能是人际沟通能力发展的基础。

又如，通过参与足球队的练习和比赛，孩子可以意识到自己不再是团队的中心，如果想要得到队友的传球，那么自己得付出努力变得更优秀；体育比赛还可以教会孩子理解什么是“赢”和“输”，如何面对“赢”和“输”。赢总是让孩子兴奋激动，但在进入更高水平的比赛中，赢可能就会变得越来越难。输总是让人沮丧，但在一次次输和赢中，孩子就会体会到付出和收获的关系，体会到“总有人比自己更厉害”“事情的结果不会总像自己希望的那样”。最重要的是，在赢了之后，学会不骄不躁；输了之后，尝试调整自己，重新出发——就像在未来的生活中无数次在经受挫折后依然能重新振作一样。

在参与运动的过程中，孩子通过观察、交流，学会和他人共处，学会看到并欣赏自己和其他小伙伴各自的优势和劣势，并取长补短，达到共同的目标——赢。多年之后孩子如果再回顾这些经历，往往就会发现在输赢之外，自己的综合素质得到了提高，社会化水平也得到了发展。此外，在参与

---

① Wang, M. V., Lekhal, R., Aarø, L. E., & Schjølberg, S. (2014). Co-occurring development of early childhood communication and motor skills: results from a population-based longitudinal study. *Child: care, health and development*, 40(1), 77–84.

运动的过程中，孩子也会学会怎么和队友相处。怎样跟队友搞好关系，有矛盾了怎么处理，什么时候要解决“内部矛盾”，什么时候要“一致对外”。

一个运动队就是一个小集体、小社会，会教会孩子怎样处理人际关系，也会让孩子交到朋友。在很多国家，学校里最受同学欢迎的往往就是各个运动队的运动员。每次在新学期开始的时候，我都会让本科生介绍一下自己。几乎每个人都会提到自己现在在练或者曾经练过的运动项目。显然，运动经历已经是他们自我评价体系中的重要组成部分。

甚至在还没懂得篮球规则时，孩子们就自发地玩起来。重要的不是球技，而是在这样的互动中，社会化的发展也开始了。

运动促进自信心

在学习运动技能的过程中，看起来简单的动作，学习起来可能也并不那么容易。任何动作技能都需要示范、观察、体验、反馈、调整，周而复始。学习动作技能的过程和学习知识的过程是融会贯通的。如果在习得运动技能的过程中获得成功，那么孩子就会培养出自信心，有能力和习惯去解决学习和生活中遇到的类似问题。比如，孩子刚开始学习前滚翻的时候可能不顺利。这时候他需要克服挫败感，通过一遍一遍地尝试和思考，最后学会了这个动作。这就可以看作“坚持性”的发展过程。而这样的“坚持性”也会逐渐渗透到生活中的其他领域，提高其自信心。所以，对于儿童来讲，**运动能力不仅体现在体力上，也体现在智力和情绪上。**

孩子在尝试并完成一个动作后，会对自己的身体能力做出更积极的评价，自信心就会得到提升。研究显示，儿童只要参与运动，身体自信心就会增加，参加得越多，自信心越强。而且参与的积极性和自身的身材没有显著相关性。[①] 也就是说，**哪怕是身材偏胖的孩子，如果能积极参与身体活动，依然会有**

① Pakarinen, A., Parisod, H., Smed, J., & Salanterae, S. (2017). Health game interventions to enhance physical activity self-efficacy of children: a quantitative systematic review. *Journal of advanced nursing*, 73(4), 794–811.

比较高的身体自信心。[①]

滑雪是我们这里在漫长冬季最流行的运动。我观察过身边很多孩子，他们有运动能力比较突出的，有几乎从来没有参加过体育运动的。最开始，孩子们都在平缓的练习道上练习，摔倒、爬起来、再摔倒、再继续练习。然后滑行速度越来越快，对滑雪板掌握越来越熟练。运动能力好一点的很快就能上绿道（初级道），继而上蓝道（中级道）甚至黑道（高级道）；运动能差一点的“升级”速度会慢一点，摔跤会多一点，但用不了一个雪季，几乎所有小朋友都能从蓝道上飞驰而下。运动能力好的小朋友更自信了，运动能力差一点的小朋友也会发现自己的运动能力在慢慢提高。这种亲身经历带来的自信，远胜于单纯的言语说教。

研究还发现，运动能力好的孩子自我评价更高、更有自信。[②]抛开运动能力，参与身体活动本身也会促进青少年自信心和自尊心。一个对10—16岁青少年的研究显示，[③]运动量大的青少年比运动量小的青少年体现出了更强的自信心和自尊

---

① Suton, D., Pfeiffer, K. A., Feltz, D. L., Yee, K. E., Eisenmann, J. C., & Carlson, J. J. (2013). Physical activity and self-efficacy in normal and over-fat children. *American journal of health behavior, 37*(5), 635-640.

② Liu, M., Wu, L., & Ming, Q. (2015). How does physical activity intervention improve self-esteem and self-concept in children and adolescents? Evidence from a meta-analysis. *PloS one, 10(8)*, e0134804.

③ Strauss, R. S., Rodzilsky, D., Burack, G., & Colin, M. (2001). Psychosocial correlates of physical activity in healthy children. *Archives of pediatrics & adolescent medicine, 155*(8), 897-902.

心。游戏活动是童年生活中的重要部分。在孩子参与和同伴的游戏活动中时，运动能力强的孩子将自己的能力淋漓尽致地展现出来，获得同伴积极的反馈。他们也因此成为同伴中受欢迎的个体，或者成为“领袖”人物。这样的优势往往也会持续到学龄后和青春期。

运动促进身体自尊

运动还有一个更有实际价值的好处：**形成良好的身体自尊**。身体自尊是一个人对自己身材、外貌吸引力等的综合评价。如果过分强调女性以瘦为美，会导致很多女性对自己的身材不够有自信心。更有女性因为过分追求消瘦的身材采用不健康的减肥方法，导致患上厌食症等心理疾病。研究显示，亚洲女性的身体质量指数（Body Mass Index）低于西方女性，但亚洲女性对身材的焦虑却远远高于西方女性。[①] 焦虑的背后，反映出的是对自己身材的不自信。为什么亚洲女性更瘦，但是对身材反而更不自信呢?

西方社会的女性很少追求单纯的瘦。相比体重计上的数

① Yan, Z., Zhang, G., & Xu, T. (2021). Is receipt of body-related comments associated with exercise motivation: a case study based on self-determination theory. *International Journal of Sport and Exercise Psychology*, 19(4), 687-697.

字，她们更看重身体的体脂率和肌肉线条。所以不难理解为什么相对于节食，西方女性更愿意去健身房运动。但在以前，西方女性也普遍追求纤细的身材和嫩白的肤色，因为只有从事体力劳动的蓝领阶层才会有黝黑的肤色和肌肉线条。随着时代的进步，人们对健康有了更高的追求，更多的白领阶层开始健身甚至有意晒黑肤色。紧致的身体线条和“小麦色”肤色成了时尚潮流。现在，越来越多的亚洲人也开始欣赏女性的力量美。

当我们对美的观念开始发生变化时，对自己身材的评价标准就会慢慢改变。反过来，当我们开始参与运动，看见身体因为运动带来的改变时，我们对美的评判标准也会发生改变。比起单纯的瘦，我们会更加欣赏运动带来的力量美。女孩子们也会感受到参与运动带来的身体上的自信。研究表明，经常运动的女性比不运动的女性有更好的自我身体自尊，更不容易形成不安全感，更少抑郁等。[①]

运动促进性格品德发展

体育运动还被称为培养性格品德的“实验室”。在美国很

① Spence, J. C., McGannon, K. R., & Poon, P. (2005). The effect of exercise on global self-esteem: A quantitative review. *Journal of Sport and Exercise Psychology*, 27(3), 311–334.

多学校的体育课和青少年运动俱乐部都把品德培养纳入教学和训练的课程设计中。其中包括的方面有：尊重规则、尊重裁判及其决定、尊重对手、为所有人提供平等的参与机会以及在训练和比赛中始终保持自我情绪控制。在体育职业联赛中，有一种犯规叫“违反体育精神犯规”（Unsportsmanlike Conduct）。这个犯规被判罚得比一般犯规要重很多，目的之一就是要为青少年树立好尊重对手的榜样。

这些道德品质往往会延伸到生活中。我们通常都有这样的感觉：爱运动的孩子一般都有比较良好的社交技能、合群、自信开朗、不憋事儿、不怕事儿、品格坚韧、不怕挫折。运动训练可以帮助儿童和青少年练就更强大的“心脏”。训练和比赛总是充满挫折的。比如，训练了但成绩没有提高怎么办？比赛输了怎么及时调整情绪？和队友沟通出现问题怎么解决？如果个体在参与运动的过程中学会面对和解决这些问题的能力，那么在今后遇到其他问题时，他们也有能力解决。

运动还能培养孩子坚韧的品质。体育训练需要克服客观和主观的困难。记得上中学的时候，在炎热的夏天参与训练就是很大的挑战。作为三大火炉之一，重庆在夏天出了名的热。不仅是温度高，湿度还特别大，每到下午，没有树荫的操场上的气温得有 40 度以上。操场似乎都被晒得冒烟了，透出一股白气，折射得远处的物体都变了形。在那样的天气中别说训练了，就是站一会儿都受不了。然而，训练还是得继

续。训练结束，回到宿舍日子也并没有好太多：九十年代那会儿学校里是根本没有空调的。极度闷热的天气，连躺着也难受。最难熬的是晚上睡觉，有好多天根本热得睡不着，得半夜起来冲凉。

我们信奉“吃得苦中苦，方为人上人”。青春期时吃过的苦，现在再回头看，就是一笔财富。经历过那些日子，生活中小小的不舒服：如出门在外住宿条件不够好，需要长途乘坐汽车、火车、飞机，天气再热再冷的时候，都不会让我心烦意乱。2020 年夏天，我独自带着 4 岁的女儿和 6 岁的儿子拖着几大箱行李历经 50 多个小时才到达波士顿。其间还经历在多伦多机场因飞机晚点通宵滞留机场的情况。朋友们都纷纷称我是超人。要说这个过程不难受是不可能的，但青少年时期参与体育训练的经历让我在面对困难的时候有了更好的心理素质和更强的忍耐力。

不管孩子先天的性格是怎样的，都可以在参与体育运动的过程中取长补短。比如，如果孩子本身就非常外向、好动，那么可以引导他在体育运动中学习自我控制，遵守规则；相反如果孩子过分内向、不善社交，那么可以选择集体协作型运动项目来培养孩子的社交、自我表达能力，等等。从这个角度讲，体育培养的是一个平衡发展的性格，这样的平衡让孩子有更稳定的心理状态，将来还能更好地适应社会。研究表明，外向和内向性格的人都可以通过集体性的运动活动满足自己的社交需求，弥补自己的性格弱点。

运动促进社会心理资源

运动有促进积极情绪、对抗抑郁等消极体验的作用，可以归纳为提高个体的社会心理资源（Psychosocial Resources）。什么是社会心理资源呢？简言之，就是个体在参与运动的过程中增加的积极情绪、认知功能、社会能力可以帮助人们发现和构建各种资源，包括心理（如环境掌控）、社会（如强大的社会纽带）、认知（如创造力）和身体（如提高对感冒的免疫力）——最终帮助人们对抗在今后生活中所要面对的压力和消极体验。学者霍根（Hogan）[①] 和他的同事对 100 多名参与者进行了 3 个月的追踪研究发现，个体参与运动的时间和个体的社会心理资源高度相关。参与越多的身体活动相应就会获得更多的社会心理资源。

在社会竞争激烈的当下，越来越多的成年人和青春期少年产生心理问题。如果孩子能有这样的"心理盾牌"是多么宝贵的财富。很多家长已经意识到培养孩子积极乐观的性格很重

① Hogan, C. L., Catalino, L. I., Mata, J., & Fredrickson, B. L. (2015). Beyond emotional benefits: Physical activity and sedentary behaviour affect psychosocial resources through emotions. *Psychology & health*, 30(3), 354–369.

要。但有意思的是，社会心理资源往往是运动活动的“副产品”，很难通过直接的“教授”或者“练习”发展起来。运动训练的经历给了孩子的青春期一双“隐形的翅膀”——一种人人都希望孩子拥有，但又买不到，教不会的能力。从这个层面讲，运动比起其他兴趣培养活动更值得家长去投入。

在过去，人们往往在步入中老年后才意识到运动对于健康的重要性。很多父母往往在孩子成家立业以后才开始教育孩子“身体最重要”的理念。可是身体和心理的健康不是一朝一夕建立起来的，爱运动的习惯也不是一夜养成的。对孩子来说，如果在幼时没有形成良好的运动习惯和爱好，长大后想要再去培养就更加困难重重。行为学研究发现，越早养成的习惯，越容易带入成年生活。

所以，不管孩子有没有运动天赋，培养发展孩子的运动能力对孩子的一生都有积极的影响。培养一个有良好动作技能、爱运动、积极阳光的孩子应该是每个家长的长远目标。家长们，你准备好接受这个任务了吗？

最近在国内一项对 200 多位曾经在中学有体育训练经历的成年人的调查结果可以为这一章做一个总结[①]：

50% 的人赞同运动训练对学习成绩有积极的影响；

---

① 肖素华、石磊、燕子：《中学运动训练经历对个体发展的影响——量性研究》，第十四届全国学生运动会科学论文报告会。

78% 的人赞同运动训练对学习能力有积极的影响；

96% 的人赞同运动训练对自己的情绪管理能力（如积极，乐观）有积极的影响；

99% 的人赞同运动训练对意志品质有积极的影响；

98% 的人赞同运动训练对自己目标管理能力有积极影响；

97% 的人赞同运动训练对自己行为管理能力有积极影响；

96% 的人赞同运动训练对自己当前工作状态有积极影响；

96% 的人赞同运动训练对自己社交能力有积极影响；

99% 的人赞同运动训练对自己养成健康生活习惯有积极影响。

参考文献

Coakley, J. (2011). Youth sports: What counts as "positive development?" . *Journal of sport and social issues*, *35*(3), 306–324.

第 2 章

运动能力的培养，为什么不能“顺其自然”

很多两三岁孩子的家长会问，什么时候送宝宝去兴趣班合适？这个年龄阶段适合什么运动项目？总之，提起培养孩子的运动能力，父母首先会想到送“兴趣班”，似乎运动能力只能在兴趣班里才能得到发展。而事实上，对孩子运动能力的培养远不局限于兴趣班。从出生那天起，孩子的运动能力就在逐步发展：从手舞足蹈、抓捏玩具，到蹒跚学步、奔跑跳跃，这些运动能力的发展都遵循着年龄发展的自然规律。而给予良好的环境刺激以及和父母、同伴的积极互动，会促进这些能力的发展。这些练习和互动是长期的，贯穿于每天生活的。其效果也是每周一两次、一次几十分钟的兴趣班不能比拟的。

儿童动作发展的基本规律

我们首先来大致了解一下儿童动作技能的发展过程。动作技能的发展可以按许多方法分类，一种比较简单的方法是将其分为大肌肉群动作和精细动作。**大肌肉群动作**发展的内容，主要为位移技能，如跑、跳、爬；控制技能，如扭转、弯身等；操作技能，如投掷、接、踢、挥击等。**精细动作**的发展包括伸够动作，工具使用（勺子、筷子），握持书写工具，绘画动作，书写动作，双手的协调，手眼的协调等。动作习得的发展顺序通常是从大动作开始，随着经验的增加和成熟，精细动作逐渐增加。

小贴士：各年龄段动作发展的基本规律

• 1 岁以前。这个阶段动作发展主要包括姿势控制、移动和操作控制。比如，坐、爬、扶物站立、独自站立等；精细动作发展包括把手或者玩具移到嘴边、手拿小物件、双臂伸手去拿玩具、将物体从一只手转移到另一只手、翻书动作等

• 1—3 岁。这个阶段精细动作发展包括玩积木、穿线珠、玩沙、使用不同大小的容器玩水、涂色、用餐具吃饭等。大肌肉群动作发展包括向前和向后走、跑、跳等

• 3—6 岁。这个阶段主要是以大肌肉群动作发展为主、精细动作发展为辅。大肌肉群动作包括跳跃、基本的舞蹈动作、扔球、踢球、接球等。精细动作的发展包括可以握笔、写自己的名字、画出基本图形、使用儿童剪刀进行剪贴活动等

• 6—10 岁。这个阶段精细动作进一步发展，写字、画画的能力提高。力量和肌肉协调性迅速增强。许多孩子学习投掷、打棒球或踢足球。有些孩子甚至可能在更复杂的活动中发展技能，如打篮球、乒乓球、跳舞，等等

从个体运动能力发展的角度，动作发展水平可以从以下几个方面衡量。

小贴士：动作发展水平的衡量标准

平衡能力 个体控制身体稳定性的一种能力。在生活中，我们随时都会用到平衡能力，如走路、上楼梯等。加强平衡能力可以减少中老年人摔跤的概率。

协调能力 是指控制身体各部位肌肉协同完成某个动作或任务的能力。协调能力好的儿童学习各种运动技能更快，还能学习更复杂的技术动作。

力量 是指身体各肌肉群爆发出来的承受或移动物体的能力。力量也是支撑我们身体活动的基础，如走、跑、跳、投，等等。

持久性 也就是耐力。对于成年人来说，耐力更多指我们坚持一个动作的能力和持久度。对于儿童来说，耐力除了指孩子身体的能力，也指他们坚持尝试一个动作或一项活动的能力。

柔韧性 柔韧是身体关节活动的一种能力。

敏捷性 是指开始运动或变更方向以及尽快调整位置的机敏程度。

有些家长认为孩子将来不会成为专业运动员，发展这些能力似乎没有太大必要。也有家长觉得，动作的发展是自然而然的事情，不通过训练，不也可以走路，跑步吗？“练习”有必要吗？感知觉和动作技能真的是发展到“够用”就可以了吗？要想回答这个问题，我们先来看看练习到底有什么用。

练习促进动作发展

我们需要认识到个体的成熟，特别是肌肉和大脑的发育，是动作产生的基础。比如，幼儿开始走路的时间一般是1岁左右，这表明在该阶段个体在身体和大脑发育上为走路做好了准备。但如果我们只是期待孩子会慢慢成熟，而不给予干预和练习的机会，个体的动作以及认知发展就会出现滞后。比如，在狼群中长大的“狼孩”，由于缺乏相应的环境刺激，个体成熟后也没有形成相应的人类动作和语言行为，认知能力也发展滞后。

适当的训练可以提早个体获得动作的时间。比如，拉格斯佩茨（Lagerspetz）等人的研究发现，对婴儿每天进行15分钟的爬行训练，就会比没有进行训练的婴儿更早开始爬行。[①] 虽

① Lagerspetz, K., Nygåkd, M., & Strandvik, C. (1971). The effects of training in crawling on the motor and mental development of infants. *Scandinavian Journal of Psychology, 12*(1), 192–197.

然更早开始爬行并不一定是孩子更聪明或者更强壮的标志，但是**婴儿在可以爬行之后，他就会迅速地接收到更多来自环境的刺激，从而促进大脑的发育。**

肌肉记忆是人类最强的记忆能力之一。你可能已经忘记曾经在学校里学过的知识或看过的书。但是一旦你学会了游泳、骑车这类技能，就很难会“忘记”。这是因为我们的肌肉已经熟练地掌握和内化了这些技能。同时，这些技能的学习也是比较高效的。布鲁斯（Bryce）等人的研究显示，持续 8—12 周的学习和练习就可以带来某个技能的显著提高。[①] 对单一动作的学习而言，只需要 90—120 分钟的时间儿童便可以学会。大量的动作学习研究显示，动作发展水平高的学龄儿童，其练习也更多。一分付出一分收获的道理，在动作技能发展的初期阶段体现得淋漓尽致。

虽然运动能力会随着孩子身体发育而增长，但是**在适当的外部刺激下，运动能力可以提高得更快**。比如，随着身体发育，儿童的力量会提高。但同时肌肉的增长也来自外界的刺激，或者说“需要”。如果一个孩子经常需要在不同活动中使用某个身体部位的力量，那么该部位的肌肉自然就会在对应的练习中得到发展。比如，经常在户外攀爬的儿童手臂力量会显著高于

---

① Bryce, C. J. (2021). School Based Motor Skill Interventions for Developmentally Delayed and Non-Delayed Children. *Global Pediatric Health*, 8, 2333794X211057707.

没有参与这些活动的儿童。所以，家长需要有目的性地把孩子置身于相应的环境中，让环境的需求去促进孩子对应动作能力的发展。

与此相反，如果孩子长期生活在一个对运动能力没有要求的环境中，比如，大量借助婴儿推车而不需要走路，或者没有机会练习指关节的活动能力，那么他们在这些方面的发育就会相应滞后。适当的练习可以促进孩子更早地获得相应的动作行为能力。那么通过适当的练习和环境的刺激，让孩子及时获得相应的动作行为对其发展有哪些积极影响呢？

孩子们只是觉得吊单杠时悬离地面的感觉很奇妙，而他们的手臂力量却在不知不觉中得到了锻炼。

小贴士：锻炼儿童大群肌肉动作的活动

• 舞蹈：孩子可以自由发挥或者跟着音乐的节拍做动作

• 骑车：任何类型的骑行，包括骑滑板车、滑轮车、自行车等都有助于下肢力量和协调性的发展

• 跳跃：用胶带或纸板设置目标，让孩子在地板上从一个地方跳到另一个地方；或者在墙上做记号，练习摸到更高的地方

• 推和拉：让孩子推或者拉玩具、娃娃车或购物车。这有助于锻炼上身力量和协调性

• 攀爬：在确保安全的情况下，鼓励孩子做攀爬的活动

练习促进认知能力和学业成就

练习对大脑发育有积极影响。一方面，运动能促进身体血液循环，使更多氧气和养分循环到大脑。这些都是我们在学习时，特别是需要集中注意力时大量需要的东西。另一方面，练习也能刺激脑细胞和神经发育，提高智力水平。研究显示，相比体能较差的儿童，体能好的儿童在大脑的“注意力控制”和“操作技

能”的区域面积更大更活跃。英国的一项研究发现，运动以及掌握基本的动作技能可以促进学龄儿童和青少年大脑的功能和智力发展，并提高学习成绩[①]。更有意思的是，研究同时发现，如果让儿童把这些时间用去学习，并不能提高他们的学习成绩。

练习还可以促进左右脑均衡发育。右脑主要负责逻辑理解、思维方式等；而左脑主要负责想象、直觉、身体协调、音乐、美术等。一些家长不希望自己的孩子是“左撇子”，甚至强行要求孩子在生活和学习时使用右手。其实，单一的“右撇子”或者“左撇子”都不是最有利于孩子发育的。绝大多数的孩子在幼小的时候并没有明显的某一侧半脑的优势。虽然我们会有一个主导的半脑，但生活中绝大部分的技能都需要左右半脑协作。所谓“左撇子”或“右撇子”在很大程度上是后天和环境交互作用的结果，如家长刻意地要求孩子用右手握笔和使用筷子。

类似地，因为几乎所有的动作技能也都需要左右半脑合作，所以动作技能的学习和练习是最能促进个体左右脑均衡发展。在孩子练习不同动作时，家长也可以鼓励孩子尝试用左右手分别去完成动作，或者左右对称性地完成动作。比如，练习篮球时，可以让孩子挑战左右手分别拍（投）球，或者左右手交替拍（投）球。

---

① Bangsbo, J., Krustrup, P., Duda, J., Hillman, C., Andersen, L. B., Weiss, M., ... & Naylor, P. J. (2016). The Copenhagen Consensus Conference 2016: children, youth, and physical activity in schools and during leisure time. *British Journal of Sports Medicine*, 50(19), 1177–1178.

小贴士：促进儿童左右脑均衡发展的练习

- 尝试用左右手分别握笔
- 鼓励孩子用左右手分别使用叉子和筷子
- 尝试用左右手分别拍球
- 在玩滑板车的时候分别用左右脚蹬地

与此对应的，认知能力的发展也会进一步促进动作的发展。心理学认为动作不是肌肉、骨骼、关节的简单连接，而是涉及大脑前额叶、颞叶、顶叶、丘脑、边缘系统以及小脑，脑干等多个区域之间的密切联系，包括了“计划—选择—决策—执行—反馈—调整”等一系列的环节。**只有在认知发育到相应水平后，更复杂的动作才有发生的可能性。**

练习促进创造力

创造力是指产生新思想、发现和创造新事物的能力。虽然我们越来越多地意识到创造力在学习和工作中的重要性，但可能并不了解运动也能激发创造力。研究表明，**哪怕短时间的运动，也能增加大脑的创造力。**一个2021年发表在《美国心理学杂志》的研究很有意思。研究人员让参与的 68 名大学生中的 34 名参与 15 分钟的舞蹈，另外 34 名参与相同时间的聊天。两组学生分别在干预前后完成收敛思维和发散思维的测试。结果显示，和聊天组相比较，仅仅 15 分钟的跳舞就能显著增加大学生在收敛思维和发散思维维度上的创造力。[①] 另一个对超过 1400 名青少年的研究表明，[②] 对 14—17 岁组的青少年，身体活动跟创造力呈一定程度的正相关，参与身体活动越多，创造力得分越高。

创造力的基础是熟练，而熟练的基础是练习。我们的大脑很难同时胜任多样任务。比如，一个蹒跚学步的婴儿必须全神贯注地走路。但是对于成年人，我们却可以一边走路一边打电话、思考问题等。这是因为走路已经成为一个我们非常熟练的技能，已经“自动化”了。我们的大脑不需要分配额外的认知加工能力在走路这个任务上，从而可以同时加工别的信息。

类似地，我们在最初探索身体动作的时候，需要特别多的认知能力去加工和配合。在我们熟练这些动作前，我们的大脑不能同时去加工别的信息。一个练习钢琴的孩子，只有在精细动作发展得特别熟练的基础上，才能演奏出优美的乐曲；一个练习打乒乓球的孩子，只有指关节和腕关节熟练得能感知到细小变化带来

---

① Bollimbala, A., James, P. S., & Ganguli, S. (2021). Impact of Physical Activity on an Individual’s Creativity: A Day–Level Analysis. *The American Journal of Psychology*, *134*(1), 93–105.

② Piya–Amornphan, N., Santiworakul, A., Cetthakrikul, S., & Srirug, P. (2020). Physical activity and creativity of children and youths. *BMC pediatrics*, *20*(1), 1–7.

的球速和轨迹的变化，才能打出高水平的球。

儿童越早熟练与年龄对应的动作技能，大脑就越早开始加工其他信息，并在此基础上发展创造力。比如，握笔熟练的小朋友可以思考怎么创作构图，而握笔不熟练的小朋友却要把大量的认知能力花费在“怎么握笔”上面。董奇等人的研究发现，精细动作发展水平较高的儿童。比如，能熟练使用筷子的儿童，学习成绩也更好。[①] 这是因为，精细动作能力较好的儿童在学习时能更好地进行书写、运算等技能；另外，儿童在练习精细动作时所形成的整理信息的能力、集中注意力的能力等都是高效率学习的基础。促进儿童练习精细动作不仅仅可以让他们手更巧，还可以更有效地促进他们的学习能力。

使用筷子能促进精细动作的发展和学习能力。

① 董奇、陶沙主编：《动作与心理发展》，北京师范大学出版社2022年版。

小贴士：促进儿童精细动作发展

5岁以上的孩子，如果字写得歪歪扭扭或者明显比同龄人差，很可能是其精细动作的欠缺。那么在生活中可以怎样提高孩子的指关节精细动作技能呢？

- 让孩子自己穿衣服、系纽扣、拉拉链
- 教孩子系鞋带，鼓励其练习
- 让孩子反复捏压一个跟手掌差不多大的海绵球，每次10—20次再换手
- 画画、玩涂色游戏，涂色的时候尽量不超出图形边界
- 玩需要手指配合的玩具，如橡皮泥、积木等
- 使用筷子

练习提高生活能力

运动员只需要在某一个方面的运动能力特别突出。但是我们日常生活需要各种能力的均衡发展，而且这些能力和我们的健康与生活品质都密切相关。比如，平衡能力是大家容易忽略的一个能力，但在生活中平衡能力其实非常重要。平衡能力差的人就容易摔跤，青年人也许摔一跤没有什么大不了的，但是老年人摔跤就是一个潜在的健康危害。研究表明，

参与身体活动能减少 30%—50% 的摔跤概率。[①] 虽然随着年龄增长，所有的孩子都会发展出一定的平衡能力。但是如果在早期阶段促进他们平衡能力发展，那么他们成年和老年后平衡能力更好，就更不容易摔倒。此外，研究证实，长期参加有规律的运动锻炼还能提高老年人的认知功能，减缓老年人的认知衰退，保持更好的生活质量。[②] 从这个角度讲，运动不仅仅是让孩子“赢在起跑线”，更重要的是“赢在终点线”上。

小贴士：提高平衡能力

孩子如果爱摔跤，可能是平衡能力需要提高。下面这些活动可以提高平衡能力，且同样适用于大人：

- 单脚站立
- 单脚站立并闭眼
- 转圈

① Bembom O, van der Laan M, Haight T, Tager I Epidemiology. 2009 May; 20(3): 424–30.

② Carvalho, A., Rea, I. M., Parimon, T., & Cusack, B. J. (2014). Physical activity and cognitive function in individuals over 60 years of age: a systematic review. Clinical interventions in aging, 9, 661.

- 倒退走路

这些练习可以是以家庭比赛的形式，如比谁单脚站立时间更长；也可以以舞蹈、音乐或者瑜伽的形式练习。

不需刻意练习，玩耍中也可以提高平衡能力。

在练习中发现问题，发掘优势

个体动作发展水平也可以作为衡量身体发展状况的重要指标。在各国都有相应的“儿童发展量表”作为衡量儿童发育的整体指标。如果儿童在某方面的动作发展严重滞后，如 2 岁还不会走路；或者走路跑步动作不协调，医生就会进一步对孩子的认知和脑发育做评估。如发现发育滞后，就可以及早地做出干预。

在美国，有很多 6—12 岁的儿童会在老师的推荐下参加职业治疗评估（Occupational Therapy）。这个评估包括评价儿童的认知能力和运动能力。比如，我儿子在 7 岁的时候，老师看到他每次用完笔都不会把笔帽盖上，觉得这可能是因为他“手指缺乏力量”，推荐我们做一次职业治疗评估。说是评估，实际上就是一种精心设计的“玩”。评估师让孩子完成一系列的“挑战”，如模仿一个动作，画一些图像，和专业的测评师玩一些跑、跳的游戏，等等。测评师会在这个过程中仔细观察和记录。一周以后，我们收到报告。报告显示，儿子手指力量倒是不弱，但是协调性在“正常范围的偏低点”。之后孩子每周去进行一次“干预”——其实就是在治疗师的带领下做一些专门提高他协调性的活动。儿子参加的积极性特别高，在他眼中，这就是和老师做游戏，比在学校里上课更有意思。

我身边有不少孩子都参与过这个评估，很多家长还主动要求孩子接受评估和干预，因为干预训练可以有效地提高孩子的运动能力和自我管理能力，从而提高孩子的学习能力和生活能力。比如，精细动作之一的书写，就是常见的干预项目。

在我国，职业治疗评估刚刚起步，让多数孩子去参与这样的评估是不现实的。但如果家长给孩子以充分展示自己技能发展的机会，就能在这个过程中发现孩子需要提高的方面，并及时进行更多练习。比如，如果孩子字写得歪歪扭扭，就可以在生活中加强孩子眼手协调性的练习；坐姿不端正，就可以加强身体核心的力量；个人物品乱七八糟、收拾不好，就可以通过玩拼图游戏等提高孩子的整理能力。大多数时候，孩子并没有发育上的问题，也不需要专业人员的干预。家长通过“生活中的干预”就可以帮助孩子提高能力。

相应地，儿童在尝试中自然会表现出他们比较优势的方面。比如，有些孩子天生速度比较好，灵活性佳，等等；那么家长就可以根据这些优势选择适合的体育运动。当然，不管是优势还是劣势，都可以在不断练习中提高和完善。西方人讲“Practice makes perfect”（“练习造就完美”），我们古人讲“勤能补拙”，放在动作技能学习上同样适用。

第3章

运动与大脑

越来越多的科学研究表明，运动能让大脑更发达，让学习更有效率。在这一章，我们来详细探讨一下运动对大脑和与大脑相关的学习活动有着怎样的积极影响。

大脑的“可延展性”

我们先来简单认识一下脑。脑的四个主要部分是：大脑、间脑、小脑和脑干。大脑在结构上由左右两个大脑半球组成，是脑的最主要部分。大脑是中枢神经系统最上层的部分，一般分为额叶、顶叶、颞叶和枕叶四个脑叶。

人脑是非常独特的存在，由1000亿个神经元组成。神经元之间通过树状分支上的“叶片”，即突触的相互接触而建立连接，传递错综复杂的信息。科学家发现，尽管一些电脑的记忆容量能达到一百万千兆字节，而人脑的记忆容量的字节数则能达到二百五十万千兆字节。科学家至今也没有完全弄清楚人脑储存信息和处理信息的细节。我们所能知道的是，大脑犹如一个精密的工厂，能储存和分析非常复杂的信息，组织人类的生产学习活动。

科学家曾一度以为脑细胞在个体发育成熟后就不会新增，

只能随着年龄的增长而减少。而九十年代末期，科学家逐步发现脑细胞跟身体的其他细胞一样是可以新生的。

在人的一生中，位于大脑丘脑和内侧颞叶之间的海马体区域会源源不断地产生新的神经元干细胞，经过发育而形成神经细胞，加入神经网络中，完成“神经新生”的过程。虽然新生的速度不再像幼儿时期那么快、规模也有所下降，但至少表明，大脑细胞并不一定会随着年龄增长而只减不增。

新生的细胞遵循类似“用进废退”的原则。如果不积极“使用”这些细胞，那么它们将衰老、死去，也就导致大脑学习和认知功能的退化。所以，我们的大脑不是僵化的，而是在不断学习和获取新的信息。连接神经元的突触具有可塑性，如果我们积极地让大脑接收信息，处理信息，那么神经元突触就会编织更多、更强的神经网络。相反，如果不积极“使用”这些细胞，那么它们将衰老、死去，也就导致大脑学习和认知功能的退化。在人的幼年和青少年时期，神经新生的过程非常迅速，而随着年龄增长，这个过程会放慢，海马体体积也会逐渐减少，从而影响个体的记忆能力。这也是我们常说年纪大了会“健忘”的原因。

爱运动的孩子更“聪明”

学者莱特里（Ratey）在《Spark》一书中详细阐述了运动

与大脑有着千丝万缕的联系。[①] 首先，**运动促进记忆力。**美国科学家查多克（Chaddock）等人的研究显示，体能好的儿童，其大脑中海马体体积也更大，表明他们有更好的记忆能力。[②] 如果积极开始参与运动，海马体的体积也会随之增加。埃里克森（Erickson）等人的研究发现老年人在为期一年，每周三次，每次 40 分钟的走路练习后，海马体的体积可以增大 2%，这就相当于可以把年龄引起的记忆衰退推迟 1—2 年。[③]

其次，**运动促进"学习"能力的发展。**学习的概念是广义的，本质上是给予大脑信息，让大脑进行收集、分析、储存等活动。在这个学习过程中，大脑的前额叶起主要作用。其主要负责大脑的执行功能，包括管理认知活动和身体活动，接收分析信息然后发出相关指令，等等。有趣的是，前额叶只在"关键时刻"——就是需要获取分析信息即进行"学习"的时候才出动指挥。在不需要学习的时候，它便会安静的"休养生息"。

---

① Ratey, J. J. (2008). *Spark: The revolutionary new science of exercise and the brain.* Hachette UK.

② Chaddock, L., Erickson, K. I., Prakash, R. S., Kim, J. S., Voss, M. W., VanPatter, M., ... & Kramer, A. F. (2010). A neuroimaging investigation of the association between aerobic fitness, hippocampal volume, and memory performance in preadolescent children. *Brain Research, 1358*, 172–183.

③ Erickson, K. I., Voss, M. W., Prakash, R. S., Basak, C., Szabo, A., Chaddock, L., ... & Kramer, A. F. (2011). Exercise training increases size of hippocampus and improves memory. *Proceedings of the National Academy of Sciences, 108*(7), 3017–3022.

当我们学习一项新事物时，如学习一个单词，我们的前额叶就被激活了，同时被激活的还包括海马体（主管记忆）和其他负责听力的大脑皮质。当神经元被激活、学习完成，前额叶的活动就消失了。例如，人一旦学会骑自行车，一辈子都忘不了。这是因为认知能力和运动一旦习得，就会储存在基底核，小脑和脑干中，需要使用时随时可以再调配。而前额叶在没有学习新的任务的时候，就处于“待机”状态，只有在新的学习任务来临时，才会被再次激活。

当我们学习一项新的运动技能时，需要调动多感官、支配多个身体部位。在这个过程中，前额叶会被积极调动起来参与学习。比如，当儿童学习打乒乓球时，需要调动视觉观察球，分析球速和预判球的运动轨迹；需要正确的握拍方式，决策合适的挥拍时间和角度。这一系列的过程看似在很短的时间内完成，但前额叶已经进行了无数的运转分析活动。这次击球不中，前额叶就会分析不中的原因，是击球过早还是过晚、还是击球角度问题，继而在下一次击球中进行调节。在这样不断地学习—反馈—学习的过程中，大脑逐步掌握了最佳的击球时机、角度，我们的技术也就不断提高。在我们熟练地掌握了击球技能后，这个过程会逐步自动化——也就是不需要前额叶更多参与指导。我们的大脑也就为学习下一个技能而做好了准备。

可以看到，运动给予大脑的刺激是非常强烈和丰富的。在这样的刺激下，连接神经元的突触不断产生连接，编织

更多、更强的神经网络。脑细胞运动就像一顿营养丰富的大餐，给大脑充分的养料。在一个实验中，科学家分别让一组老鼠一周跑步 4 公里左右，另一组老鼠不跑步。约 8 周以后，再让老鼠分别完成学习和记忆水源的实验。结果发现，运动组老鼠对水源的记忆更准确，寻找的速度也更快。[①] 这个实验表明运动能减缓脑细胞衰退，促进记忆和认知能力。

在对儿童的研究中，科学家同样发现了运动对大脑的积极影响。一个对 7—10 岁儿童的综述研究发现，体育活动参与度更高，体能更好的儿童在脑结构、脑功能、认知和学业成绩上都好于其他儿童。[②] 这是因为运动刺激基底核的脑容量和海马体发育，而基底节脑容量与海马体主要控制认知任务和记忆。这也是身体素质较高的儿童在学业成绩测试中得分更高的生理层面的原因。

---

① Speisman, R. B., Kumar, A., Rani, A., Foster, T. C., & Ormerod, B. K. (2013). Daily exercise improves memory, stimulates hippocampal neurogenesis and modulates immune and neuroimmune cytokines in aging rats. *Brain, behavior, and immunity, 28*, 25–43.

② Chaddock–Heyman, L., Hillman, C. H., Cohen, N. J., & Kramer, A. F. (2014). III. The importance of physical activity and aerobic fitness for cognitive control and memory in children. *Monographs of the Society for Research in Child Development, 79*(4), 25–50.

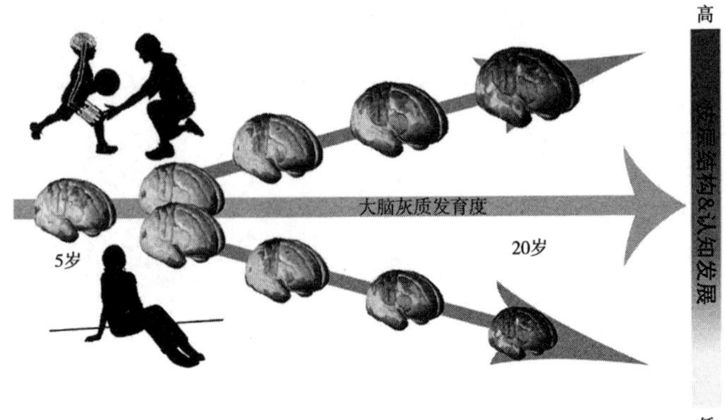

大脑皮质表面灰质发展动态序列的右侧视图。灰质是中枢神经系统中大量神经元聚集的部位，也是中枢神经系统对信息进行深度处理的部位。可以看到，大脑成熟后，人的皮质运动可塑性和适应性显著减少。但在个体成熟之前，运动训练可以促进基本运动技能的发展。向上的箭头表示，儿童期综合运动训练可以增加神经－肌肉连接、大脑皮层结构和认知发展。相反，向下的箭头表示，缺乏身体活动会使皮质结构发育缺陷概率增加。

神经递质有什么用？

运动影响大脑的另一个途径是神经递质。运动能激发大脑最重要的三个神经递质：**血清素**，它是大脑的“警察”，负责让一切有序进行。它对人的情绪、冲动、愤怒、暴力等都有重要影响；**多巴胺**，影响我们的情绪，也负责学习、注意力、运动等；**去甲肾上腺素**，负责促进注意力集中、动机、激励和觉醒。大部分神经类药物，如治疗抑郁、注意力缺陷等的药物，都会靶向调控这三个递质中的一个或多个。

有趣的是，运动会同时促进这三类递质的分泌。这就是为什么我们运动后会觉得心情愉悦，注意力容易集中的原因。美国泳坛名将，获得过28枚奥运奖牌的菲尔普斯，从小就患有"注意力缺陷多动障碍"[①][Attention-deficit/hyperactivity disorder（ADHD），简称多动症]。医生曾断言，他这辈子不会有什么成就，因为他永远无法专注于任何事。菲尔普斯服用了药物进行治疗，确实起了一点效果，但真正改变他生活的是每天三到四小时的游泳训练。通过练习游泳，他克服了先天的注意力缺陷。在此后的生活和训练中，他不再依靠药物。[②]

近年来研究发现了另一个与运动相关的物质——脑源性神经营养因子（Brain-derived neurotrophic factor, BDNF）。脑源性神经营养因子是成人大脑内分布最广泛的神经营养因子。脑

---

① 注意力缺陷多动障碍又称注意力缺失症，它的特性是难以专注、过度活跃，等等。其主要治疗手段是心理治疗、生活方式调整及药物治疗。

② 目前的科学证据支持运动作为注意力缺陷多动障碍儿童的重要干预手段，但没有证据表明运动可以完全替代治疗多动症的药物。如果您的孩子患有注意力缺陷多动障碍，请在专业医生的指导下开始或停止药物的使用，更多信息请参照：https://publications.aap.org/pediatrics/article/144/4/e20192528/81590/Clinical-Practice-Guideline-for-the-Diagnosis

源性神经营养因子被比喻为“大脑的优质营养肥料”，可增加突触可塑性、促进神经元细胞再生，进而建立神经细胞回路，对增强记忆力有着关键作用。此外，脑源性神经营养因子为大脑细胞突触提供了其所需的工具，让突触更有效地工作，从而使学习更有效率。简单地说，脑源性神经营养因子含量越高，大脑的学习能力和效率也就越高。

那脑源性神经营养因子和运动有什么关系呢？研究发现，运动能促进大脑脑源性神经营养因子的含量。①在一项实验中，科学家让老鼠参加一组跑步实验。他们让一批老鼠跑步一次，另一批跑步每天跑一次，连续跑五天。实验结果发现，跑步五天的老鼠，其大脑的脑源性神经营养因子含量显著高于跑步一天的老鼠。

在人类实验中，研究人员让三组人员参加记单词实验。第一组人在记单词之前参加 30 分钟的自行车运动。另外两组分别在记忆单词后参加运动和不运动。②结果表明在记忆单词前参加运动的人记单词的效率明显高于不运动组。其神经生理学基础就是运动可以在短时间内直接提高大脑中脑源性神

---

① Gómez-Pinilla, F., Ying, Z., Opazo, P., Roy, R. R., & Edgerton, V. R. (2001). Differential regulation by exercise of BDNF and NT-3 in rat spinal cord and skeletal muscle. *European Journal of Neuroscience, 13*(6), 1078-1084.

② Labban, J. D., & Etnier, J. L. (2011). Effects of acute exercise on long-term memory. *Research quarterly for exercise and sport, 82*(4), 712-721.

经营养因子的含量。这让我想起小时候父亲总对我说，考试前不要再看书了，出去走走跑跑，比看书效果好。虽然他那时候不懂什么脑源性神经营养因子，但是经验告诉他，运动后，脑子清楚、反应快、对考试有帮助。

在我们的生活中，有时候工作时间太长，出门走走就会觉得身心愉悦。在心情不愉快的时候，运动后心情立马就会舒畅起来。这都得感谢神经递质和脑源性神经营养因子的作用。他们就像营养丰富的养料，在运动过程中源源不断地输入大脑，让我们更高效、更愉快的工作和生活。

小贴士：利用运动促进大脑学习效率

• 开始学习或者考试之前，做10分钟以上的运动活动；最好是能让心跳加速的活动，如快走、跳绳、下蹲、高抬腿跑等

• 鼓励孩子每学习20—30分钟就离开座位，做原地拉伸练习的同时眺望远处，或走动，或原地做能让心跳加速的活动

• 如果没有条件离开座位，可以做一些手指操练习和头颈部的伸展活动

• 在开始继续学习时，用几次深呼吸让自己平静下来

此外，运动和小脑的关系也非常密切。小脑占脑体积的10%，主要负责动作的协调。同时也负责协调思维、注意力、情绪和社交技能。当运动或学习一项新的运动技能时，不仅我们的小脑被激发，与小脑相关的其他认知技能也会被激发。这是运动促进小脑相关活动认知技能发展的生理基础之一。

概括起来，我们已经有大量生理学，细胞学等证据支持运动对大脑的积极作用。当然，这并不是说运动就能让孩子变成天才，或者显著提高智商。而是**运动可以在已有的生理条件下，让大脑学习更有效率，学习能力更强**。

促进脑发育的运动原则

既然运动对大脑有这么多好处，那么孩子应该做什么样的运动、运动多久才能使大脑获得益处呢？我们可以遵循以下几个原则。

1. 动比不动好，多动比少动好。运动对大脑的益处没有一个触发线。也就是说，只要运动一开始，身体的神经生物反应就开始了。在这个基础上，运动的时间长一点、强度大一点，相应的神经生物反应就更强烈。如果没有时间或者机会做长时间的运动时，哪怕是伸展运动、走路、散步也会有一定效果。

所以，第一个原则是“不因运动量小而不为”。

2. 年龄越小，获益越大。大脑的“可延展性”在个体成年前体现得最为明显。参加运动的年龄越小，大脑获益越多。所以任何年龄都应该参与运动。只要参加，大脑就会获益。

3. 尽量让运动强度达到中等。中等强度的活动的特征之一就是心跳明显加速、呼吸加快，运动类型，如快走、跳绳、游泳，等等。这些活动能使以上提及的脑反应更强烈、更持久，脑源性神经营养因子增加更明显，其增强学习能力的效果也就更好。[①] 除此之外，中高强度的活动在增强骨质发育，促进身体发育等方面效果也更显著。

4. 参加需要调动大脑参与的运动。这主要体现在学习一项新的运动或者动作技能的时候。如果孩子学习一项新的运动技能，如骑车、跳绳，这个时候前额叶就启动起来，在练习中积极学习活动。这个学习的过程中，大脑会产生新的细胞间的连接，形成新的网络，好比修建了一条新的高速公路。给孩子提供尝试和学习各种运动技能的机会，就是给孩子的大脑不断修建新的高速公路，让大脑更发达。

---

① Lee, M., & Soya, H. (2017). Effects of acute voluntary loaded wheel running on BDNF expression in the rat hippocampus. *Journal of Exercise Nutrition & Biochemistry, 21*(4), 52.

一组老鼠在参加完一些“动脑筋”的运动，如走平衡木后，要比另一组只跑步的老鼠高出35%的脑源性神经营养因子。所以，除了让孩子“跑跑跳跳”之外，让孩子学习新的动作技能也是非常重要的。

5.“有趣”原则。孩子在运动中获得乐趣的体验非常重要。乐趣是一种生理和心理的情绪体验。同时乐趣又是孩子积极参与运动的动力源泉。一个在运动中不能获得乐趣的孩子，是不可能长期参与运动活动的。所以，在孩子参与运动的初期，不应该过度看重孩子技术的提高，而要着重通过乐趣培养兴趣。现在一些机构为了增加孩子的运动量，让孩子做一些比较枯燥的体能活动，如仰卧起坐、折返跑等，长期可能会伤害孩子的运动乐趣体验。

小贴士：运动提高学习能力的途径

- 运动能提高大脑的记忆力、注意力、能动性，让大脑处在最佳的“准备学习”的状态中
- 运动能增强脑细胞突触之间的连接，可促进大脑获取和学习新的信息

- 运动能促进相关神经递质分泌，使大脑处在最佳的注意力集中状态和积极情绪状态中，调动个体能动性，对抗消极情绪

参考文献

Connell, G & McCarthy C (2014). A moving child is a learning child. Free Sprit Publishing.

格雷格·派恩、耿培新、梁国立：《人类动作发展概论》，人民教育出版社 2008 年版。

Nagel, M. (2012). In the beginning: The brain, early development and learning. Acer Press.

第 4 章

各年龄阶段促进运动技能发展的活动

在前面的章节，我们探讨了各年龄阶段动作发展的特点，那么根据动作发展的规律和特点，家长可以怎样引导不同阶段的儿童参与运动活动呢？

每个动作都有发展的“关键期”。所谓“关键期”，就是指在这个时候儿童的生理条件准备好学习新的动作，而且这个阶段对环境的刺激能产生最大的效果。在适当的刺激和练习下，儿童习得动作就会更容易。更重要的是，动作的习得有连续性，如会走路了才能跑，会跑了才会跳。如果在某一个阶段对孩子动作能力的发展和引导不够，就会相应地影响之后其他动作的发展。哈加尔（Hagel）等人的研究指出，从出生到 7 岁都是动作技能发展的关键期，[①] 也就是说在这个阶段孩子的运动能力是可以通过练习突飞猛进的。在这个阶段千万不能忽略运动能力的培养。

了解婴幼儿和青少年动作发展的基本规律至关重要。在某个感知觉和动作发展的关键期，我们需要及时给予动作技能发展的机会；而在孩子还没有准备好的时候，不能把某个动作技能强加在孩子身上。我的一位同事，抱怨教 3 岁的孩子上厕所快一年了

① Hagel III, J., Brown, J. S., & Davison, L. (2012). *The power of pull: How small moves, smartly made, can set big things in motion.* Basic Books.

还不成功。就在他放弃训练孩子后不久，突然有一天，孩子自己就去上厕所了。他的惊喜溢于言表。可以看出，在孩子的动作和认知都还没有准备好，“敏感期”还没有到来的时候，训练是事倍功半的。不仅折磨孩子，也折磨家长。同时，敏感期也是一个相对的概念，每个孩子不同的感知觉和动作发展敏感期都不尽相同。家长不需要按照书本去死记硬背各个敏感期，但需要通过观察，结合一定的知识，耐心地判断孩子的敏感期是否到来。

对学龄前的儿童来说，大多数动作的习得都不需要通过专门训练。刻意地反复练习一个动作反而会枯燥无味。试想一下，让一个3岁的儿童反复练习握笔的动作会是一件多么难熬的事情。**我们应该把对动作和技能的练习融入各种各样的生活场景中**。比如，参加需要攀爬的游戏，儿童的手部力量就加强了。而不同的运动，也会给儿童提供不同的乐趣。这些快乐对儿童来说是简单的、没有压力的。所以，家长要尽量在生活中给孩子提供各种培养身体能力的机会，也要把孩子的兴趣放在重要的位置。切忌把这些活动变成是自己和孩子的负担。

婴儿时期（0—1岁）

对0—1岁的孩子，家长首先需要给孩子充分活动四肢的机会。这个时期的孩子没有活动能力，也不能协调地控制自己

的身体，活动四肢是给大脑信息刺激的主要途径。很多家长图方便或者害怕孩子受伤，喜欢把孩子长时间固定在座椅上，这其实是非常不利于孩子大脑发育和运动能力发展的。除了睡眠时间，这个阶段需要**尽量少地把孩子固定在安全椅、摇篮里，而给他们充分活动四肢的机会。**

很多家长怕孩子受凉，给孩子穿太多衣服，这往往会限制孩子四肢的活动。其实孩子比成年人更不怕冷，这是因为首先孩子的运动量比成年人大；其次研究发现孩子体内的“棕色脂肪”含量比成年人高。而这个棕色脂肪的作用之一就是释放热量。所以，在这个阶段**不需要给孩子穿太多衣物**。如果怕孩子着凉，可以给躯干适当多穿一点，而保证四肢有充分的活动空间。

有的父母怕孩子用手抓破自己的脸而给孩子戴上手套。国际儿童医学会并不推荐这样做。长期戴手套会影响婴幼儿指关节动作能力的发展。如果害怕孩子抓伤自己，正确的做法是及早地给孩子修剪指甲并给孩子的皮肤涂抹润肤霜。

婴幼儿活动的空间可以是床上或地毯上。在四肢可以触及的空间内挂上一些色彩鲜艳的玩具，鼓励孩子的踢、蹬、伸、抓等动作。孩子在 3 个月以后就会发展指关节的抓握能力。这个阶段可以用各种颜色鲜艳，适合抓握的生活用品或玩具鼓励孩子练习抓握的能力。

家长还可以把运动与音乐结合起来。音乐对儿童的运动与认知发展都有很积极的影响，可以促进孩子的语言能力、听力、节奏感、情绪表达能力和身体协调性等。研究显示，孩子在音乐中的自由伸展、舞动可以提高其语言能力的发展。①

滚翻。让孩子平躺在床上，父母可以先和孩子进行语言交流："我们来滚一圈好不好？"然后缓慢地帮助孩子翻转一周。在孩子习惯后，可以连续地帮助孩子翻转几周，再反向翻转回来。类似地，也可以在孩子平躺的时候，帮助他们抬起脚，用手轮流触摸脚等。这些动作可以发展孩子的力量和协调性。

在此基础上，家长还可以平躺下，把孩子以俯卧式放在腹部，护住孩子的腰背部，然后像摇椅一样向前后左右摇摆晃动。还可以配上孩子喜欢的儿歌或音乐。

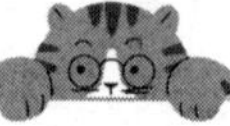

小贴士：小毯子魔术

一块小毯子能帮几个月大的宝宝发展对身体和环境的感知觉：

- 坐在宝宝面前，拿一块毯子遮住自己的头部，同时问宝宝，"妈妈/爸爸去哪儿啦？"，然后把毯子移开，给宝宝一个"惊喜"。你会发现孩子会对这个"魔术"乐此不疲

---

① Knight, A., & Rabon, P. (2017). Music for speech and language development in early childhood populations. *Music Therapy Perspectives*, 35(2), 124–130.

- 用毯子遮住宝宝的一个身体部位，如腿，然后问："宝宝的腿去哪里啦？"然后移开毯子，摸摸他/她的腿："在这里呢！"
- 在宝宝面前把几个玩具用毯子盖起来，问宝宝其中一个玩具在哪里，看看宝宝能不能记得玩具的位置
- 在宝宝面前用毯子遮住一个玩具，抖动毯子，或者露出玩具的一角，吸引孩子爬过去看个究竟

传球游戏。在孩子可以坐立后，使用玩具球、气球等孩子可以单手抓住或者双手抱住的球，把球传给孩子，然后鼓励孩子把球回传给你。

钻隧道。在孩子会爬以后，可以鼓励孩子爬行。家里也可以放置可以钻、爬的玩具，如可以把纸箱子折叠成可以爬过来的"隧道"。大人可以在"隧道"另一头用玩具或语言鼓励孩子爬过来。

靠垫城堡。宝宝会爬行之后，可以创造一些条件刺激宝宝的攀爬行为对他的腿部力量、协调性等是很好的锻炼。比如，把家里的沙发靠垫在地毯上随意堆成一座"小城堡"，鼓励宝宝爬或者翻过去。父母可以在一旁提供保护，或在四周放上软垫子或毯子提供额外保护。

收集玩具。可以在宝宝的前方放上其喜欢的玩具，并鼓励

孩子用爬行的方式去获取。这个方法也可以有一些变通，如把不同颜色的球放在孩子的四周，鼓励孩子“收集”所有的球并将其放在篮子里。摆放球的位置可以逐步调远，增加宝宝爬行的距离。

毯子后面是什么。在宝宝面前用毯子遮住一个玩具，抖动毯子，或者露出玩具的一角，吸引孩子爬过去看个究竟。

小鼓手。婴儿对各种声音有天生的好奇。宝宝会坐以后，可以利用家里各种小东西，如碗、盆、盒子等倒扣在地上当“鼓”，再给孩子两根小棒或者筷子让他随意敲击，分辨不同物体发出的声音。家长还可以用儿歌鼓励孩子随着节拍拍打。这个游戏可以培养宝宝的听觉和手眼协调能力。

一般来说，儿童开始走路的平均年龄是1岁。但很多家长因为希望孩子早些学会走路，或者看见别人孩子比自己孩子早学会走路，就心急地让孩子使用学步车。哈佛大学的研究表明，**学步车不但不能促进儿童的行走能力，反而会延迟儿童独立行走的时间，**平均延长的时间为1个月。[①] 此外，学步车还会增加让儿童从楼梯上摔下的危险。如果希望锻炼孩子的腿部力量，较好的方法是给孩子以可扶握的支撑，如婴儿床的床栏，鼓励孩子自己借助外力站立。

---

① McCarthy, C. Parents：Don’t use a baby walker. Avaialble at: https://www.health.harvard.edu/blog/parents-dont-use-a-baby-walker-2018092714895.

镜像模仿游戏。模仿妈妈或爸爸的动作是所有动物（当然也包括人类）的天性。家长可以利用这个游戏训练宝宝的各种技能。比如，跟着大人爬行，伸展手和腿，摸自己的鼻子、耳朵，站立时踢腿，等等。注意玩的时候可以动作由易到难，可以加入音乐或者顺口溜以增加节奏感。

学走路游戏。宝宝还不会走路时，可以在床上扶住宝宝的腹部和双腿，让宝宝用手“走路”，这样可以练习宝宝的手部力量、腹部力量和身体的稳定性。

独立进食。让孩子学着使用手、叉子、勺子，稍大点后用筷子吃东西可以很好地培养孩子精细动作，发展触觉和手眼协调能力。在宝宝可以独立坐立和有一定抓握能力以后（通常 8 个月左右），就可以试着让他自己进食。开始时，家长可以选择那些比较好抓握的食物，如麦片、馒头、饼等。面条可以选择用西式的意大利面，因为西式面条质地稍硬，更容易用手抓握。

很多家长觉得孩子边吃边玩，还把饭菜弄得到处都是，更愿意喂孩子吃饭。这个时候不妨调整一下心态：**孩子会把学习用手和工具吃东西的过程当作一种游戏。**家长需要理解孩子是在通过“游戏”的方式学习技能。同时，在孩子吃饭的过程中，家长不训斥孩子，也可以让孩子把自己进食看作更积极的过程，而不是心惊胆战的过程——如果每次洒了食物会被父母训斥，孩子会更加抵触自己进食。

小贴士：孩子乱扔食物怎么办？

很多儿童喜欢在吃饭的过程中故意把饭菜扔到地上，这也是很多父母不愿意让孩子独立吃饭的原因。这个时候，家长需要分析孩子扔东西的原因。

- 如果孩子是因为觉得扔食物可以引起家长的注意（哪怕是家长的愤怒），家长就需要“漠视”孩子扔东西的行为，并同时给予他们需要的注意力
- 如果孩子是因为已经吃饱了，吃不下更多食物而乱扔，家长就应该允许孩子把不喜欢的食物单独放在一边——而不是强迫孩子吃完
- 每次孩子乱扔食物，家长都应该给予明确的批评——哪怕需要重复多次

幼儿时期（1—3岁）：

1岁以后，不少孩子可以走路了，但很多家长在生活中依然大量使用婴儿车、推车。有些家长是出于安全因素的考量，觉得孩子乱跑危险；也有家长觉得把孩子放在推车里比较方便；还有一些家长因为孩子不愿意走路，就索性把孩子放在推车里边。

在这个年龄段我们需要尽量减少“限制身体活动”器材的使用，包括：婴儿车、推车、学步车。这里不是说不使用，而是要尽量减少孩子活动受限的时间。为什么这些器材对孩子的运动能力发展不利呢？

“身体自由”是孩子认识自我，探索自我的重要途径。手是干什么的？脚呢？每个孩子都会经历这样的探索，而这些探索大部分时候都是通过自由玩耍来完成的。同样的，探索能力也是通过自由玩耍提高的。我能做哪些动作？不能做哪些动作？我能走多远？能爬多高？这些探索活动也是孩子的天性。所以孩子的每一个动作，每一分钟的活动，哪怕只是自己玩手指头，都是大脑在认识自己的身体、练习动作技能的过程。越多的禁锢，就意味着越少的环境刺激和自我探索。

除了减少禁锢，家长可以做些什么来促进孩子运动能力的发展呢？

鼓励孩子多走路。在孩子可以走路以后，家长可以做的第一件事情就是鼓励他们多走。走路是最基本、最亲近自然的运动方式。有些家长认为自己的孩子不喜欢运动，出门就喜欢坐婴儿车或者被抱着。如果小朋友每次不走路的要求都被满足，那么他逐渐就会建立一个自我评价：我不喜欢走路，我也不能走很多路，而且只要我哭喊，父母就会抱我。但是如果你尝试用不同的办法鼓励他多走路，他也会相应地慢慢改变对自己不喜欢走路的认知。

在室内的时候，可以鼓励宝宝光脚走路。袜子和鞋子固然可以帮助孩子更舒服、更省力地走路。但时不时光脚走路，可以帮助孩子更好地感知自己的脚部，促进孩子腿部力量的发育。

室外的走路比室内更好。教育家蒙特梭利曾说：**“儿童是属于自然的一部分。”**他是作为自然的一部分而存在的，就理应获得足够的亲近自然的机会。户外空气比较清新，限制较少，都可以更好地刺激孩子运动和探索的欲望。当我孩子刚会走路的时候，我坚持每天晚上带他们出去散步。一开始，女儿总是要求我抱，“bao”是她说出的第一个字。这时候我会用这样的方法鼓励她多走路：引导她探索一路上有意思的事物，如路边的小花小草、消防栓、电灯、水龙头、邻居家养的鸡，等等。

孩子们在路边玩树叶。我们不需要为孩子“设计”户外活动。带他们到户外去，他们自然就会从中找到乐趣。

散步也可以有很多花样。比如，走路沿就是个很有意思的散步方式，而且非常锻炼儿童的平衡能力。选择不太高的路沿，或者稍微高一点的地方父母扶一下。父母也可以和小朋友互动，比一比谁走得比较远而不会掉下来。还可以让孩子“踮着脚尖走路”“脚后跟走路”“倒着走路”，等等。这些都是简单的，既有乐趣又练习身体协调能力的方法。

小贴士：孩子不愿意走路怎么办

- 走路时引导孩子观察身边有意思的景物
- 不要孩子一抗议就马上抱他，这样会强化“抱”的行为
- 和孩子商量走到下一个目的地再抱。目的地可以是前面的一个商店或者一棵树
- 用语言或肢体动作鼓励孩子
- 抱的时候，教孩子数数。比如，说好数到10的时候他就下来自己走

这样正面强化一段时间以后，会显著提高孩子每次步行的时间和距离。在这个过程中，孩子会慢慢提高对自己运动能力的评价和运动自信。

在做好安全保护的前提下，走路也可以有很多花样。

和家长“打成一片”。在沙发上、床上，孩子可以和父母一起翻滚、摇晃，作出各种即兴的、创造性的动作。我们都知道父母的抚摸和肌肤的接触可以帮助婴儿建立起安全感。在孩子会走路以后，这样的接触仍然是非常有必要的。通过这样的接触，可以建立起和大人之间的信任感，也可以刺激感知觉、力量、协调性的发展。

沙发上的体操。不需要特意设计，和孩子在一起，自然而然就可以创造出很多有意思的动作。

在音乐中跳舞。这个年龄阶段的“跳舞”就是手舞足蹈，就是创造出各种怪异的动作，就是跟着音乐自由发挥。

在音乐的配合下，儿童自然而然地就会跟着节奏做出各种姿势和动作。我们的身体就可以作出很多动作，如拍手，跺脚、跳跃、转头，等等。还可以配上一些“道具”如彩带、纱巾、小旗子、沙锤、手鼓，等等。通过这些道具儿童可以“身临其境”地感受音乐创造出来的意境和表达自己对这个乐曲的理解，刺激感知觉发展。比如，孩子听到一首关于“小火车”的歌曲，就可以通过动作和声音模仿火车开过的场景。如果有其他小朋友和大人加入模仿，就可以轮流唱出儿歌的歌词，或者一起通过拉手转圈等协作的方式。

我们都是木偶人。这是个经典的小游戏。家长可以带着孩子一起唱“我们都是木偶人，不能说话不能动”。然后大家保持一个姿势，看谁坚持不动不说话的时间最长。这个游戏特别适合在车上和入睡前玩，不仅可以锻炼儿童的注意力和集中能力，提高身体的控制力，还能帮助他们平静下来。

推/拉物品。鼓励孩子去推或者拉动适当重量的物品。比如，推自己的儿童车、玩具车等，这些活动不仅可以让孩子对不同重量的物品形成相应的身体知觉，还有利于孩子手部和腿部力量的发展。

玩水。玩水适合各个年龄段的儿童。水可以很好地刺激儿童触觉的发展。在水中，不管是成年人还是儿童都会有一种天然的放松、愉悦的感觉；玩水还可以帮助儿童探索新的动作技能。很多在地面上不能完成的动作都可以在水中尝试完成，如漂浮、空翻等。玩水的方式很多，可以在洗澡的时候在澡盆里玩水，也可以通过一些玩具，如水枪等创造很多新的玩法。

小贴士：水的创意玩法

- 让孩子左右手分别拿一杯水，然后把水从一个杯子倒到另一个杯子，试试看能不能不把水洒出来。如果两个杯子离得更远呢？这可以锻炼手眼协调能力
- 海绵玩具或海绵球的吸水“魔力”会让孩子着迷；孩子挤压海绵的过程也会练习他们的手指力量
- 在水盆里倒入一些彩色珠子（注意珠子不要太小，防止孩子误食）、豆子，或者漂浮的玩具（没有可以用类似柠檬片之类代替），再给孩子不同大小的勺子或容器，让孩子把里面漂浮的东西舀出来，这样不仅有趣，也能锻炼孩子的手眼协调能力
- 在水里放一些木制或者塑料积木，让孩子尝试在水里搭建积木。引导他们探索在水里搭建积木和在地上有什么不同
- 用可食用颜料给水加上颜色，或者让孩子自己尝试“调配”颜色。还可以在水里加入一点清洁剂或者沐浴液，一盆彩色肥皂泡泡水就诞生了

在孩子玩水的时候，可以给予他们一些任务“挑战”。比如，左右手分别拿一个杯子，然后把水从一个杯子倒到另一个杯子，要求尽量不要洒。这个对成年人来说很简单的动作

对儿童来说可难度不小，是一个不错的锻炼手眼协调能力的练习。可以在杯子里放进其他的小玩意，如叶子、花瓣、小玻璃球，等等。

流动的水可以激发孩子的创造力，还可以很好地刺激孩子的感知觉。

模仿动物。孩子对自己身体能力的探索是个缓慢的过程。在尝试一个动作之前，孩子其实不知道自己能否完成一个动作，或要怎样完成一个动作。“模仿动物”这个游戏就可以帮助孩子了解自己的身体，探索自己的身体能力。比如，大人可以模仿一个动物的动作，让小朋友猜是什么动物，玩过几次，他们就能自己模仿出很多动物的动作。这个过程还可以培养小朋友的想象力和观察力。

“模仿八爪鱼”。让孩子双脚双手俯卧在地上，告诉孩子他们的四肢现在就是八爪鱼的触须。家长可以说出各种手脚配合的组合：

抬起左手

抬起右手

抬起左脚和右手

抬起右脚和左手

……

模仿八爪鱼。

2 岁以后，儿童的力量和协调能力都有显著进步，很多类似“体操”的动作都可以在父母的辅助下在家里练习。对于儿童来说，尝试一种他们以前没有尝试过的动作既新鲜有趣，也可以增加孩子对自我动作能力的自信心。在不断尝试和完成各种动作以后，孩子对自己的动作能力的评估就会慢慢增加，继而有信心和动力去尝试新的、更有挑战的动作。

拉手旋转。任何的旋转类活动都可以很好地促进儿童平衡能力的发展。比如，两人或多人手拉手围成一个圈，然后沿着顺时针或逆时针方向快走或慢跑。我还喜欢和孩子们一起比赛：看谁能在转上几圈后可以保持站立不摇晃。

走“平衡木”。可以让小朋友沿着地板砖缝走直线；或者在地板上贴上彩色胶带，让孩子沿着胶带行走。还可以假设旁边是“鳄鱼池”，看谁能通过“独木桥”而不掉下去。

单脚站立。这个练习对各年龄段的人都适用，可以很好地增加平衡感，减少摔跤。和孩子一起玩的时候，也可以玩“斗鸡”游戏：单脚站立，双手握住另一只脚，用单脚跳的方式移动躲避或者进攻对方。

秋千 / 蹦床。荡秋千和跳蹦床都是很好的对平衡能力 / 腿部力量和身体控制能力的训练。蹦床的体力消耗强度也不小，也是对孩子心肺功能很好的训练。但需要注意的是，蹦床也是容易受伤的运动之一。玩耍时需要注意避免多人同时跳蹦床，不要尝试空翻等高难度动作。家长需要同时检查好器材安装安全等。

扶墙倒立

步骤 1. 找一面墙，在离墙角 20—30 厘米处与肩同宽的地方放上手掌大小的两张垫子或者贴纸。

步骤 2. 鼓励儿童双手放在贴纸上，双脚同时顺着墙壁往

上“爬”。

步骤 3. 坚持几秒钟，再缓慢放下。孩子在刚开始不能独立完成时，家长可帮助孩子把脚放在墙上。

扶墙倒立。孩子第一次用“上下颠倒”的视角看世界是多么奇妙的体验。

“吊单杠” 看似简单的吊单杠，可以增强上肢以及手指力量和耐力，为发展握笔，书写等技能打下基础。

步骤 1. 儿童和大人同向前后站立。

步骤 2. 大人双手分别握住儿童双手，使其身体离地。

步骤 3. 鼓励孩子延长坚持时间。

如果没有单杠，还有一个更简单更有趣的玩法：让儿童双手搂住大人的脖子，大人尽量不用双手接触孩子（双手做好保护动作），试试能坚持多久。也可以和其他小朋友一起比赛。我把这个动作称为“猴子抱”。女儿特别喜欢这个动作。每次晚上她上床睡觉时都会要求用“猴子抱”把她放到床上。

这些“体操”动作寓教于乐，可以从两三岁练习到十多岁。有些家长对指导孩子做这样的动作有所恐惧，担心会弄伤孩子。其实，对多数儿童来说，他们并不会有“恐惧”的感觉，更多的是对没有尝试过的动作抱有好奇和期待。家长只需要循序渐进地引导，并注意好基本的保护事项，这些练习是不会造成伤害的。

抛砖引玉地罗列这些活动，家长可以在此基础上进行创造性的发挥。这些动作不需要专门找时间来练习，这样反而容易变成一个“负担”。在任何和孩子相处的时间里，不管室内还是室外，都可以尝试一些这样的游戏来增加亲子互动。

幼童时期（3—5 岁）

从这个年龄阶段开始，孩子会慢慢对自己的身体能力形成

初步评价。对自己身体能力评价高的孩子，其身体自信就更强，也会更敢于尝试更多体育运动。所以，家长可以通过各种方式帮助孩子认识和感知自己的身体能力。在此基础上，慢慢通过各种运动游戏帮助孩子提高运动能力，从而提高孩子的身体自信心。

小贴士：帮助孩子感知和探索自己的身体

- 让孩子坐在地上，盘起双腿。试试看可以用鼻子碰到脚趾头吗？双腿伸直后还能用手碰到脚趾头吗？
- 和孩子比比看谁能用单脚站立的时间更长？要是闭上双眼呢？
- 从超市购物回来，让孩子挑选他们自己觉得能搬动的物品，帮父母拿回家
- 和孩子“比手劲儿”，试试对方力气有多大
- 让孩子估算一下跑一段距离的时间，然后测试一下实际花费的时间，看看和估算的差多少
- 捡一颗小石子，看看能扔多远？怎样才能扔得更远呢？跑起来可以吗？

玩沙/泥。跟玩水一样，玩沙、玩泥，包括踩水坑都是儿童的天性。这些活动可以刺激孩子感官和触觉的发展，同时还

可以激发他们的创造力。如果没有适合的沙坑等，可以用爽身粉代替：找一个大一点的盆或盒子，倒上爽身粉，再划定一个相对容易清洁的区域让孩子尽情地探索。

小贴士：越脏，越好？

很多家长因为怕脏，禁止孩子玩泥沙、颜料、肥皂水等。弄脏了家长要花时间清洗，这个可以理解。但学者康奈尔和麦卡锡却提出了不一样的观点：越脏，越好。[①] 什么意思呢？弄得脏兮兮的过程其实是孩子的感知觉探索的过程，每一次弄“脏”其实传递给了大脑一个新的刺激。在这个基础上，弄得越脏，对感知觉的刺激也就越强烈。当家长在抱怨的时候，孩子们心里想的却是：我能弄得更脏一点吗？两位学者继而提出，可以让孩子尽量多的身体部位都去感受“弄脏”的过程，全方位地发展身体的感知觉。比如，让孩子的脚和腿都去感受“沙”带来的刺激。当然，这个程度和范围要家长把控，并跟孩子提前交流好。另外，不妨设定一个专门的时间让孩子尽情地玩（如做扫除或者洗衣服之前），尽情地弄脏自己，过后再进行洗澡和清洁。

---

① Connell, G., & McCarthy, C. (2013). *A moving child is a learning child: How the body teaches the brain to think (birth to age 7)*. Free Spirit Publishing.

玩球。球可以锻炼儿童手指做精细动作的能力。在玩球的过程中，儿童自然而然就会做摸、扔、捡、投等动作。家长也可以创造性地引导孩子做简单的投篮，传接球的动作。需要注意的是，玩球的方式千变万化，**在这个阶段家长不要用球类的标准技术动作去要求孩子，过多地纠正错误**。这样会让儿童失去玩球的乐趣。

小贴士：魔力气球

在室内活动空间不是很多，不能制造太多噪声的情况下，可以用气球替代皮球。此外对幼儿来说，普通的塑料球或者皮球速度太快，不容易掌控，气球也是很好的替代品。

- 用手颠气球，鼓励孩子连续颠更多次数
- 再试试用非主势手颠球，用头顶球
- 用羽毛球拍颠球，难度更大还是更容易呢？
- 孩子熟练以后，还可以和家长一起拿气球当“排球”；试试看能相连续击球多少次
- 场地允许的情况下，还可以用气球打一场“排球比赛”

气球也有很多创造性的玩法。

剪纸。剪纸是非常好的锻炼精细动作的活动。一把小小的剪刀可以剪出各种形状，对孩子来说这是非常“神奇”的。刚开始可以随意剪，后面可以剪一些更复杂的图案，或者剪窗花。很多家长担心剪刀可能伤害到孩子，其实只要购买正规的儿童剪刀，以及教授孩子正确的使用方法，剪纸其实是非常安全的活动。

剪纸能锻炼孩子的精细动作能力和启发创造性。

使用筷子。儿童使用筷子的熟练度可以从一个侧面反映其精细动作的发展水平。而不同类型的精细动作对儿童的学习和生活都起着重要的作用。北京师范大学董奇教授的研究团队发现，儿童筷子使用技能越好，其图形临摹能力，线条填画能力也越强。[①]4—8 岁都是儿童筷子使用能力的发展期，在这个阶段家长可以逐步让孩子练习使用筷子。

积木类游戏。特别推荐的是乐高类搭建积木。这类积木有各种颜色和形状，孩子在积木堆里挑选积木就已经可以练习手

① 李蓓蕾、林磊、董奇：Claes von Hofsten：《儿童不同精细动作能力的关系及其与小学低年级儿童学业成绩的联系》，载《心理学报》2002 年第 5 期，第 494—499 页。

指精细动作。接下来积木拼接的过程也很好地练习了他们的手指力量和手眼协调性；此外，这类玩具还培养了孩子的创造力以及科学和数学能力等。

小贴士：沙包游戏

- 垒沙包比赛，比比看谁垒的沙包更高？
- 把沙包顶在头上，练习平衡能力，比比谁能坚持更久
- 沙包橄榄球。一人投掷沙包，另一人接；试着变换角度、速度、距离，看看能不能都接住
- 沙包篮球。一个人用两只手臂环抱一个圈，另一个人用沙包练习“投篮”，并可以逐渐和“篮筐”拉开距离
- 沙包套圈。把几个沙包散放在地上，用几个环在一定距离外抛出，看谁套住的沙包更多
- 沙包保龄球。垒起一些纸杯子，用沙包当保龄球，看看谁能击倒的杯子更多

纸箱子游戏。包装用的纸箱子常被随意丢弃，却不想这是孩子们心中最棒的玩具。比如，把纸箱子上下打开，就是一个可以钻的“洞”；好几个纸箱子这样连起来，就是一个可以爬的“隧道”；把纸箱子正面剪一个四方形的洞，就是一个简

孩子们用包装家具的纸箱在楼梯上做了一个滑梯。

易的“电视”，可以让孩子钻进箱子里模仿各种电视里的动物、人物；把纸箱子上下剪掉，让孩子钻进去，左右手提着箱子两边，纸箱子就变成了“火车”，可以开去家里各个“站点”。

甚至不需要动手改造它就是个玩具：我女儿3岁时，最喜欢玩的纸箱子游戏是“包裹快递”：她钻入一个纸箱子里，然后我们把她搬去一个地方或者其他家庭成员面前，她蹦出来给他们一个惊喜。孩子在钻进钻出的同时，他们也在建立空间的概念和自己身体与空间的关系。

钻桌子。孩子对狭小空间总是充满好奇。那是他们在探索空间的概念和自己身体与空间的关系。

滑轮类运动。一旦孩子可以顺利行走以后，滑轮类运动就可以闪亮登场了。这类运动所提供的速度和身体感知，所要求的力量、控制和协调能力等都是全新的。儿童练习这类活动的时候，往往会“情不自禁”地追求速度更快，动作更熟练。这样“对自己极限的挑战”会让孩子主动地发展自己的运动能力，特别是控制自己身体和操作器械的能力。

- **自行车。**和当下各种儿童电动代步车相比，“老式”的自行车才是最佳选择。和电动车相比，自行车价格便宜，能提供的运动量更大，同时也可以训练孩子的平衡和协调能力。孩子可以从有辅轮的自行车开始学习，学会后可以骑两轮自行车。在小朋友学会自行车后，可以加入小区里其他孩子的骑行活动，或者可以全家一起骑车。
- **滑板车。**滑板车可以很好地锻炼孩子的耐力、力量、协调能力。而且滑板车动作简单，学习门槛低，不需要专门教授，孩子往往在摸索和练习中就能掌握。市面上滑板车种类繁多，儿童可以从有手扶式的过渡到没有手扶的。
- **轮滑。**滑轮是对平衡能力要求更高的运动。但滑轮也相对最具有灵活性，且速度快，花样多。

不管是自行车还是滑板车，初学者对速度的掌控还不到位，很容易速度过快。家长要把安全放在第一位。**一定要为儿**

童佩戴头盔和护膝，确认环境安全；其次是需要循序渐进。刚开始练习时应该选择一个空旷的环境，在儿童习得基本动作后，再引导其探索更多样的动作。

滑板车。在轮子上飞驰，超越自己奔跑能够达到的速度，给孩子的感知觉带来全新的体验。

小贴士：如何鼓励孩子佩戴头盔

很多家长觉得孩子骑车或者玩滑轮车的时候只要速度不快就可以不佩戴头盔。这个认识其实是错误的。因为孩子对速度的掌控力不高，而且就算速度不快，一旦发生碰撞，也可能会对头部造成严重伤害。还有很多孩子觉得不舒服，所以不喜欢戴头盔。那么应该怎样引导孩子佩戴头盔呢？

- 在孩子刚接触滑轮类的运动器材时就让孩子佩戴。这样就能及时地形成良好的习惯
- 让孩子自己挑选头盔的颜色和款式，并承诺购买以后需要每次佩戴
- 每次佩戴后可以奖励。比如，每次佩戴后可以让孩子把喜欢的贴画贴在头盔上以装饰
- 告诉孩子为什么佩戴头盔很重要，如可以告诉孩子保护好我们的大脑才能更好地生活学习
- 适当用周围小朋友因为没有佩戴头盔而受伤作为例子
- 鼓励孩子玩伴的家长一起给孩子们佩戴头盔。这样孩子会形成同伴压力让孩子主动佩戴

角色扮演。你的孩子是不是经常翻出家里的“道具”，告诉你他现在是“超人”或者“蜘蛛侠”？儿童通过对自己熟悉的人物、卡通角色的模仿打开了想象的大门。从“我是谁”变换到“如果我是谁”的空间内，自由地探索和感受新的角色。这样的探索有各种益处：首先，可以帮助孩子通过模仿角色的动作，形成新的运动技能；其次，提高其想象力和创造力；最后，在体验“角色”的过程中，也塑造和强化孩子的性格。比如，在扮演“超人”以后，家长可以引导孩子“要像超人一样勇敢”；在和其他孩子沟通的角色扮演中也可以习得社交能力、

团队能力、沟通能力等。家长可以和孩子一起玩角色扮演的游戏，让其沉浸在角色中进行创造性发挥。

小区里各种儿童设施也可以利用起来。这些设施哪怕看似简单，但对几岁的小朋友完全足够。设计精良的设施可以锻炼孩子的各种运动能力，从攀爬到协调能力等。同时，孩子在玩耍时自然也就有了和其他小朋友互动的机会。一群小朋友就是天生的发明家，可以创作出自己的一套玩法。和其他儿童互动的过程也提供了很好的观察学习、模仿的机会，对促进动作发展和社会能力很重要。

小贴士：户外游乐设施的选择

• 攀爬器材（简易攀岩墙、攀岩塔）：锻炼上下肢力量，协调性；克服对高度的恐惧；需要特别注意周围是否有木屑或软垫等保护措施

• 悬吊器材（单杠、双杠、连拍单杠）：锻炼上肢力量，耐力

• 隧道：创造出空间感；让孩子喜欢穿越隧道的感觉

• 秋千：锻炼孩子的节奏感，体会飞翔的感觉

• 滑梯：帮助孩子认识和感知速度，锻炼平衡能力和身体控制能力

• 沙坑：是孩子发挥创造能力的天堂

跳跃障碍物。有间距地摆放一些高度不太高的“障碍物”。障碍物可以是沙包。注意不要选择坚硬的物品，以免扭伤脚。鼓励小朋友双脚跳跃障碍物。家长也可以先做示范。此游戏的难度可以调节，如可以增加障碍物之间的距离或者障碍物的数量，或者由双脚跳变成单脚跳等。

跳跃障碍物。从不敢到敢，不能到能，孩子们对自己身体的能力有了新的认识和评价，也获得了自信和小小的成就感。

猴子攀岩。从 5 岁左右开始，类似吊单杠的游戏可以发展为“猴子攀岩”，就是很多单杠排列在一起，让小朋友用双手轮换的方式从一端“吊”到另一端。这个项目难度比较大，孩子往往需要不断地练习和坚强的毅力才能成功。这个游戏除了可以增强孩子的上肢力量，还可以显著提高孩子的手眼协调能力和坚持能力。

学龄儿童（6 岁以上）

很多家长觉得孩子一旦开始了义务教育，就可以甩手把培养孩子运动能力的任务交给体育课了。其实不然。大量研究表明一周一次或者两次的体育课远远达不到儿童应该有的每天 60 分钟以上的运动时间。学校由于各种教学任务，很少能保证孩子能达到这个运动量；此外，体育课 40 分钟的时间里，还有很大一部分用于讲解、示范、排队的时间，所以最后儿童真正有效的运动时间是相当有限的。

如果孩子在学校的运动量不够，家长可以做些什么呢?

在条件允许的情况下，鼓励孩子步行、骑车上学。现在越来越多的家长选择开车送孩子上学，有些出于安全考虑，有些认为这样可以给孩子省下更多的学习时间。但在可能的情况下，家长应该尽量把运动融入孩子的生活，如陪孩子骑车或步行等。

步行或骑车有许多好处。首先，可以帮助孩子达到每天运动 1 小时的目标。如果孩子上下学都步行或骑车，那么至少可以达到 30 分钟的活动量；而且快走或骑车都算是中等强度的运动，是非常好的有氧锻炼；其次，步行和骑车有助于提高上

课效率。研究显示，如果在考试前让学生参加 20 分钟的有氧锻炼（如跑步、打球等），那么学生的考试成绩要显著高于没有参加有氧锻炼的一组。这是因为运动增加了心跳和呼吸的速度，大脑在运动后更多“觉醒”，思维就会更敏捷。

小贴士：最优运动之一——跳绳

- 跳绳是高运动量活动，15 分钟跳绳消耗的卡路里相当于 20—25 分钟跑步的消耗量
- 跳绳能促进孩子踝关节力量、体能、协调能力的发展
- 跳绳的变化繁多，可以双脚、单脚、双摇、交叉等各种花样
- 跳绳需要的空间小，可以随时随地练习
- 不需要太长时间，孩子就能有明显进步，可以增加孩子参与运动信心和积极性
- 除了自己跳，可以和小伙伴一起跳，增加趣味性

此外，户外步行和骑车对情绪是很好的舒缓。在学校待了一天后，大脑运转变缓，孩子的压力水平也会处在比较高的阶段。这个时候，在放学路上呼吸一下新鲜空气，穿梭在市井之间，或和同伴聊天嬉笑，都是对压力和情绪非常好的舒缓。

利用好课间 10 分钟时间。课间可以干什么？很多孩子会忙着赶作业，或者就坐在位置上休息。研究显示，10 分钟中等强度的运动就可以马上提高孩子的认知执行能力，有利于提高接下来的学习效率。[①] 老师要进行鼓励，家长也要建议孩子利用好课间时间积极参加室外活动，在教室外走走，哪怕和同学追逐玩闹一会儿，也远远好于坐着不动。

放学回家后给予孩子充分的，最好是户外的运动时间。运动不需要多正式，可以是休闲娱乐性的。比如，在小区里面和其他伙伴玩耍，打球等。很多家长都要求孩子必须在完成作业后才能去活动玩耍，这个要求其实可以更灵活。家长可以允许孩子先活动一段时间再做作业，或者作业中途可以有一定的运动时间。这样既可以达到每天运动的目的，又可以提高学习效率。

小贴士：利用学习间隔活动身体

如果孩子功课时间紧，没有时间进行户外运动，那么在学习间隔，如每学习 40 分钟，就可以用 5—10 分钟的时间做一些小运动、小游戏，不仅健身，而且健脑，也有助于提高接下来的学习效率：

---

① Howie, E. K., Schatz, J., & Pate, R. R. (2015). Acute effects of classroom exercise breaks on executive function and math performance: A dose-response study. *Research Quarterly for Exercise and Sport*, 86(3), 217–224.

- 深呼吸，眺望远处，同时做一些拉伸活动，如转头，旋转肩膀，上身转体，踢腿
- 呼啦圈，踢毽子
- 跳绳或者开合跳
- 螃蟹走（横着走）、大象走（手脚并用走）、公鸡走（踮脚尖走）、海狮走（四肢悬空，仅用腹部接触地面来移动）
- 青蛙跳（深蹲跳）、兔子跳（半蹲跳）、袋鼠跳（单脚跳）
- 打开音乐，随着节奏随意跳舞

有些家长等孩子吃完饭就迫不及待地要孩子去学习或者做家庭作业。殊不知饭后半小时内身体的主要任务是消化食物，是大脑学习效率最低的时候。这个时候，可以和孩子去散步，既消化了食物，又达到了锻炼的目的。而且锻炼后的一段时间内，大脑供氧充足，更有利于稍后集中注意力学习。

关于安全

不管在什么年龄阶段，儿童和青少年在参加运动活动时都应该把安全放在首位。家长既不应该因为担心孩子会受伤而禁止孩子参加运动，也不应该完全放任孩子完全凭自己的判断去

衡量环境的安全性。儿童和青少年还不具备足够的认知能力去判断环境的安全和自己的能力。这个时候就需要家长对环境的安全性做出合理的判断，并给孩子做好安全教育和防护准备。

我们前面讲到装备上的准备是安全的前提。比如，骑自行车、玩滑板车时佩戴头盔、护膝等，这些都是不能忽略的。此外，家长还需要对孩子活动时的环境进行衡量。哪些环境是**“绝对安全，不需要陪伴”**的，哪些是**“需要陪伴，但不用时时看护”**，哪些是需要**“时时看护”**的情况。比如，孩子在游泳或者水池里嬉戏就是需要“时时看护”的；如果在熟悉的小区里的游戏设施玩耍就是“需要陪伴，但不用时时看护”的。值得注意的是，家长很多时候主观的“时间感”会因为注意力的集中而显著不同于客观的时间跨度。比如，现在很多家长手机不离手，而看手机时，家长感觉的“一会儿”往往已经是不短的时间，从而导致孩子出现危险的状况，如溺水、车祸等。这样造成的悲剧我们不时在新闻上有所耳闻，是家长一定要加倍注意的。

在孩子经历可能的“危险”环境时，家长也没有必要过分紧张。家长首先需要判断孩子当前状况的紧急性。比如，当孩子在攀爬过程中不能上不能下时，这并非危急的状况，家长可以先观察几分钟，让孩子尝试自己解决这个问题。如果还不能解决，家长再介入帮助孩子。

同样的原则也可以使用在当孩子与其他儿童在活动中出现“冲突”的时候：如果没有出现明显的“霸凌”行为，家长可

以让孩子自己尝试解决和同伴的问题，因为在学校里孩子很可能面对同样的情景。比如，如果有其他孩子在滑滑梯的时候插队，孩子怎么应对。

如果孩子成功地解决了问题，或者在面对这些问题时表现得当，家长就应该给予孩子及时的表扬和鼓励。要注意表扬时需要明确其做得好的地方而不是一概的“你真棒”。必要时也可以和孩子一起商量以后遇到类似问题时更好的解决办法。

小贴士：选择适合孩子的运动游戏

- 最简单有效的选择是让孩子在日常生活和家务中融入尽量多的身体活动：走、跑、爬、跳、提、骑车等
- 游戏没有好坏之分，每个孩子对不同的游戏活动感知也是不一样的。一个关键的考虑要素是“乐趣”，即孩子是不是在游戏中感到快乐
- 所有孩子都有“胜任力”（competence）的需要，一个好的游戏活动可以激发孩子“我想要做得更好”或者“我希望比别人做得更好”的需要，这个过程需要家长的观察、鼓励，并提出适当挑战，给游戏增加创意和难度
- 游戏是孩子的天性，家长不需要每时每刻地参与，但是在开始阶段，家长需要提供创意，教授和制定规则，引导孩子建立起自主性玩耍

第 5 章

一举两得的家务活动

很多家长把运动跟体育竞技画上等号，好像一定是有竞技成分的才能叫运动。其实从广义上讲，我们讲的“运动”（sport）更多是指“身体活动”（physical activity）。很多家长一想到要去“培养”孩子某一方面的特长就变得非常焦虑：觉得自己没有时间陪着去训练，没有精力去引导兴趣。竞技比赛也不适合每一个孩子。一些小朋友竞技水平不太高，自尊心太强，往往不能在竞技中找到自信。过多过早地参加比赛反而可能带来负面情绪，打击其自信心。

其实，生活中处处都是让孩子发展运动技能的机会，而且在生活中进行学习是自然的、愉快的。在幼年时期，这类的身体活动主要就是玩耍。不同的玩耍方式可以锻炼儿童不同的技能。从跑跳到攀爬，到协调和平衡，这些能力都可以在各种“玩耍”活动中得到发展。在幼童时期，技能的发展是随着参与各种活动自然发展起来的。在这个阶段，小朋友的认知能力有限，他们不会明白技能学习的需要，也很难对掌握特定的技能感兴趣。所以，家长要给予孩子足够的玩耍机会，并对他们玩耍的方式加以引导。家长要克服的主要问题是：不要把孩子的玩耍看作浪费时间，除了游戏和玩耍，家务活动也是很好的方式之一。

有人会质疑，家务活动是运动吗？当然是。千万不要小看了家务活动的运动量和对儿童各方面能力的培养。

各年龄段都有适合儿童的家务活动，从精细运动能力，到大肌肉群力量，从协调能力，特别是手眼协调能力、认知能力、语言能力，各种家务活动都在潜移默化地“训练”着孩子。此外，引导儿童参与这些家务活动不仅可以锻炼孩子的运动能力，还可以增强他们的生活自理能力、责任心，从而分担家庭负担，赢得家长称赞的机会。

适合各年龄段的家务活动

1—3岁

在这个阶段儿童大脑接受信息和对身体发出指令的能力突飞猛进。在孩子眼中**家务其实就是游戏**：从捡地上的垃圾到帮爸爸妈妈取一样东西，尝试的活动就跟游戏一样有意思。在这个过程中，家长需要注意给予孩子清晰的，重复的语言指导，并给予示范。

丢垃圾。比如，换完尿布把自己的尿布放进垃圾箱里；或者帮妈妈把地上的垃圾捡起来放进垃圾箱里；把自己的脏衣服扔进洗衣篮里。

擦桌子。给孩子一张纸巾，让孩子任意地发挥，可以擦桌子，也可以去擦地板、窗户。

给花草浇水。“宝宝口渴了要喝水，那么花花草草口渴了呢？”儿童在这个时候就会兴趣盎然地去给家里的植物浇水。我每次会让孩子拿一个比较小的杯子，这样孩子可以多接几趟水，增加运动量。而且让杯子里的水不洒出来也是对孩子很好的平衡能力的锻炼。

给花草浇水。把水壶拎稳，浇花的时候不洒出来，并坚持几秒到十几秒的时间，对孩子是不小的挑战。

3—6 岁

自己倒水 / 牛奶。千万不要小看把水倒进杯子里这个简单的动作。它需要一定的手眼协调能力。注意选择不易碎的容器，如塑料水壶、牛奶盒子或者防碎的杯子，让孩子自己倒水。以前我觉得与其让孩子倒水弄得水到处都是还不如我自己来做。

后来发现孩子对自己倒水或者牛奶、果汁等很有兴趣。而且只需要家长指导几次，他们就会熟练起来。对孩子来说，这就是个好玩的游戏。而对家长来说，从此也会少一项家务。

自己穿/脱衣服、鞋。能自己穿好衣服、裤子、拉上拉链都需要孩子的观察能力，手眼协调能力。也许开始一段时间会弄错，如衣服前后穿反，左右脚的鞋子穿反。这时候家长需要有耐心，不要训斥孩子。给孩子充足的时间尝试，并给予他们纠正错误的机会。

剥皮。可以是剥蔬菜水果皮，如橘子、大蒜，也可以是硬皮（注意防止噎食），如熟鸡蛋，等等。这些在成年人眼中枯燥的活动对儿童来说却很有意思，更能锻炼其手指精细动作的发展。虽然开始会剥得食物表面坑坑洼洼，但无伤大雅，不影响食用，何乐而不为。

烹饪。这个词可能太正式了，实际上就是孩子帮着家长一起准备饭菜、点心。孩子对做饭有点天生的兴趣。现在很多幼儿园和兴趣课也会为这个年龄段的小朋友开设“烹饪课程”，主要是做一些简单的小点心。有兴趣和时间的家长可以带着孩子用面粉做一些简单的烘焙。如果没有条件，那么在平日做饭的时候让孩子帮忙就是很好的活动。比如，打鸡蛋、淘米、和面，准备一把孩子专用的小刀让孩子切菜。孩子从这些看似不起眼的活动中得到的乐趣是家长很难想象的。帮家长做饭还有一个好处，就是当孩子认为桌上的事物是“自己参与的功劳”

时，他们吃饭的积极性就会大大提高，特别适合吃饭困难的小朋友。

吸尘。我的孩子大概三四岁的时候，有一次别人送了他们一个吸尘器玩具。除了小一点，跟家用吸尘器没什么两样。孩子非常喜欢。我就想，反正都是玩，还不如让他们用真的吸尘器玩，顺便还帮我做了家务。我就把家里的手持吸尘器教给孩子使用。他们对吸尘的热情从此高涨。

照顾宠物。孩子生下来就被人照顾，其实他们也喜欢照顾别人。这个过程会让他们探索自己的能力，体验成就感。如果家里有宠物，不妨让孩子尝试照顾宠物。比如，给猫狗梳毛、刷牙、换水等。可以让孩子挑选他们愿意尝试的一个项目，鼓励他们每天坚持。家长还可以“代表”被照顾的宠物感谢小朋友的照顾。

帮大人拎东西。每次超市购物回来，我都鼓励我的孩子帮忙把东西从车库搬回家。随着孩子长大，他们也在我的鼓励下挑战搬更多、更重的物品上楼。家长注意要根据孩子年龄和能力选择合适的物品重量。

父母在帮助孩子学习做家务的过程中要注意运用语言的指导。动作能力的发展不只是一个简单的时间函数，而和个体认知等心理发展相关。儿童的语言能力是认知发展的一个重要方面。来自父母的语言指令可以促进儿童认识能力的，特别是4—7岁的儿童在和环境交互过程中可以更好地学习。

比如，当父母指着地上的纸，说“把地上的纸捡起来”，孩子照做以后，他/她就把“纸”和“捡起来”纳入自己的认知系统。如果父母继续说“把纸扔到垃圾桶”并指着垃圾桶的方向，孩子也会相应地形成“扔”和“垃圾桶”的概念。

学龄儿童（6岁及以上）

如果说学龄前儿童做家务还是以“玩”为主，那么到这个阶段孩子就可以正儿八经帮家里做一些家务事情了。家长可以和孩子约定具体做家务的数量和频率。同时还可以用换取零花钱等方式奖励孩子。

刷洗自己的午餐盒。如果儿童需要带午餐或零食去学校，那么让他们自己参与准备工作是一个不错的锻炼机会。

摆放餐具，洗碗等。

整理自己的床铺。包括叠被子、铺床单等。

照顾家里的宠物。包括喂食、遛狗等。

整理书柜。可能很多父母都有这样的经历：不管把书柜收拾得多整齐，要不了几天，所有的书都横七竖八地散乱着。让孩子整理书柜有不少好处：自己花时间整理后就会更珍惜整理的成果，保持整洁的时间明显加长；在整理之前，让他们先想想学校的图书馆是怎么给书分类的，再口述整理计划：怎么给书分类？为什么要这样分类。这个过程可以很好地训练孩子的条理性和思维能力。

引导孩子参与家务活动

家务就是玩。一些家长觉得孩子上学已经很辛苦了，不希望孩子参与家务。实际上，对孩子来说，参与家务跟做游戏没什么两样，其本质就是玩。所以家长首先不要把家务当成孩子的负担，而应该把它看成孩子玩耍、锻炼身体和学习技能的一个途径。在这个过程中，家长还可以不断创造新的“玩法”，把家务活动变出各种花样，孩子自然就会有积极性参与。

家务也是必要。在让孩子参与家务的过程中，也要培养孩子“是家庭成员之一，要为家庭做力所能及的贡献”这样的概念。这样不仅通过家务活动培养了他们的责任感，也让他们在家务活动中得到了成就感。注意不要过分在乎孩子参与家务的效果。比如，我们大人在铲雪的时候，孩子也用玩具铲子帮忙。大多数时候都是帮倒忙，但是这个过程重于结果。

融入角色扮演。角色扮演游戏可以增加儿童做家务的乐趣，同时还可以激发他们的创造力。家长可以用角色扮演方式的对话鼓励孩子。比如，“你的玩具熊在地上躺着好可怜，你赶紧把他们都放回自己的家里去吧”“今天宝宝当超级飞侠好不好？帮妈妈把快递取回家”“阳台上的植物口渴啦，请他们的小主人喂它们喝水吧”。

设立“家务日”。孩子平时学习忙，也没有时间帮助做家务，不妨从一周中的某一天开始。比如，周末的一天，孩子可以帮助做一些的固定的家务。重要的是提前和孩子商量，作出口头承诺，并及时提醒。

树立榜样。儿童天生就爱模仿大人。看见大人吸尘，他们会觉得很好玩，也想要试试。我的孩子很喜欢两个玩具，一个是玩具吸尘器，另一个是玩具除草机。他们看见我们做这些家务的时候，就会把这些玩具拿出来，和我“一起做”。家长可以先让孩子看自己做家务，然后邀请孩子一起参与。

不要过多干预和纠正

很多家长觉得孩子做家务就是“捣乱”：孩子弄完，自己还要再做一遍，索性不让孩子参与，或者训斥孩子做得不好。实际上儿童在学习新的技能，包括家务活动时都有一个从探索、练习到熟练的过程。所以在开始阶段家长要尽量**“睁一只眼闭一只眼”**，让孩子自己“折腾”。家长要反复提醒自己家务活动的目的是让孩子参与自己觉得有乐趣的活动，并得到锻炼机会。简言之，家长的角色更多是鼓励，过多地指正会让孩子有挫折感，慢慢丧失学习新的动作技能的动力。

小贴士：如何避免训斥孩子

• 避免一次性给予过多指令：幼儿一般一次性能接受的指令个数是年龄 −2。比如，一个 4 岁的孩子，只能接受 4−2=2 的指令数量，超出这个数量，孩子就不能很好的记住和完成指令

• 孩子做不好家务，很多家长都会习惯性地“唠叨”：“哎呀怎么这么笨”“算了，我自己来，你一边去”。要避免这样的训斥，家长首先要对自己的这类行为有认知，认识到这样的行为会打击孩子积极性的，并要改进自己的行为

• 在孩子做家务之前要先衡量任务的难度和孩子的能力，避免给予难度过高的任务

• 在孩子每次做家务之前，家长要先做好心理建设：做好自己要重新做一遍家务的心理准备

• 在孩子做得不好时，要控制自己的情绪。如果想发火，可以先离开现场，等自己冷静后再返回和孩子交流。如果有些家务不适合孩子参与，或者家长没有时间和孩子在家务中互动，要注意用鼓励的语言和孩子交流，不要打击孩子的积极性

不要用家务去惩罚孩子

从行为学的角度来讲，惩罚是让一个人讨厌一个事情的最好办法。所以不仅仅是家务，家长不应该用任何身体活动的方式去惩罚孩子，如罚孩子洗碗、跑步，这是毁掉孩子兴趣的“最佳办法”。

小贴士：引导孩子收拾玩具

从婴儿到青少年，几乎每个孩子每天都会摆弄自己的玩具，而收拾散落一地的玩具可能是让很多父母头疼的事。收拾玩具其实可以很好地锻炼运动能力，可以培养孩子的精细动作和归纳能力，还能增加运动量。最重要的是可以分担家长的家务活。那么家长应该怎样引导不同年龄的孩子收拾自己的玩具呢？

1—3 岁：孩子会走路以后可以把小玩具递给他并鼓励他 / 她放入指定的篮子里，直到不再有玩具散落在地上。

3—5 岁：让孩子在每结束玩耍一个玩具后，就把玩具整理好重新放入盒子里；这个过程可以“游戏化”，如检查是否有玩具“没有回家”“找不到好朋友了”。

5—7 岁：让孩子自己尝试玩具的分类和摆放安排，并让他说出这样安排的理由，这个过程同样适用于书本的整理和摆放；这个过程注意要让孩子感受到自己“当家作主”，有自己地盘的“自主权”。

7岁以后：和孩子一起商量制定整理玩具的时间表，分工（两个或以上小朋友），奖励方式。

参考资料

格雷格·派恩、耿培新、梁国立编著：《人类动作发展概论》，人民教育出版社 2008 年版。

Budde, H., Voelcker-Rehage, C., Pietraßyk-Kendziorra, S., Ribeiro, P., and Tidow, G. (2008). Acute coordinative exercise improves attentional performance in adolescents. *Neurosci. Lett.* 441, 219–223. doi: 10.1016/j.neulet.2008.06.024.

第 6 章

运动兴趣班，有必要吗？

一些家长把运动技能作为一个“特长”，认为只有天赋异禀的孩子才能在运动方面有所成就。如果仅仅从竞技体育的角度出发，的确是这样。只有相当有天赋的孩子，经过长期的专业训练，才能达到顶尖的水平。事实上，我询问过一些专业教练，他们会把运动员的成功 90% 归于天赋。也有越来越多的家长意识到，期望自己的孩子能成为某个体育项目的明星是很不切实际的。就算有很高的热情和长时间的练习，绝大多数的孩子也并不会真正成为体育明星。既然如此，那花费很多时间和金钱让孩子参加运动兴趣班还有必要吗？”

美国的例子

让我们先来看看国外的例子。美国的体育产业在 2019 年的产值是730亿美元①，排在所有产业的前列。这样巨大的产业是有强大的“群众基础”的。调查显示，在美国有 56% 的青

---

① North America Sports Market Size from 2009 to 2023 (In billion US dollars Statistics. Statista, https://www.statista.com/ statistics/214960/revenue-of-the-north-american-sports-market/.

少年参加了至少一项体育项目的训练。①

拿我所工作的梅里马克大学（Merrimack College）作为参考：这是一个规模不太大的私立文理学院，却是美国大学体育联盟（The National Collegiate Athletic Association，NCAA）的一级联盟学校。美国的大学体育联盟分为1，2，3级联盟，类似于甲级，乙级，丙级联赛，分别由350，310和438个大学组成，共有接近12万学生运动员。在我们学校的4000名本科生中，有超过20%的大学体育校队的队员，分属于学校12个项目的运动队。除了享受丰厚的学费减免或奖学金奖励之外，他们也是大学里是最受欢迎的"风云"人物。此外，观看母校或者自己支持的球队的比赛，往往是在校生，毕业校友和当地居民周末的重要娱乐活动之一。以最受欢迎的橄榄球为例，一场关键的校际间橄榄球比赛的门票甚至可以炒到几千美元。在走出校园后，有体育训练经历的毕业生依旧在人才市场备受青睐。

校园体育文化是美国整个体育文化的缩影。一方面，浓郁的体育文化氛围给每个青少年提供了充分的参与机会：无论你水平如何，都可以在青少年时期找到适合自己水平的队伍加入；另一方面，广泛的群众参与基础也培养出大量高水平

---

① State of play 2016: trends and developments, https://www. aspeninstitute.org/wp-content/uploads/2016/06/State-of-Play-2016-FINAL.pdf.

选手。这些在金字塔顶端的运动员组成了美国的专业职业球队和国家队。他们不仅拥有丰厚的收入，同时也让美国成为世界体育强国。

当然，学生运动员的付出也是异常艰辛的。高中或者大学校队的训练一般会安排在正常的学业课程之外进行，通常是早晨或者下午。如果很多队伍需要使用同一个场馆，那么最先开始训练的运动队从清晨就开始训练了。有一次我在课堂上看见一位田径队的学生打瞌睡。课后我询问才知道，他早上 4 点多就起床训练了。平均每天要跑差不多 16 公里以后再开始一天的学习。一年几乎不间断。要知道，在我生活的新英格兰地区，一年差不多有 4、5 个月都是冰雪覆盖。可以想象在这样的天气下坚持训练需要多强的意志力。

此外，体育训练的投入不低。除了物质上的，还有时间和精力上的。运动训练的费用是很大一笔开销。有些项目，如冰上项目，水上项目等训练装备昂贵，场地花费更是令人咋舌。我的同事 B 教授，花费了 8 万美金为自己练习马术的女儿购了一匹赛马。而这匹马每年的额外护养以及参加比赛的花费还高达 1—2 万美金。她每次跟我聊起这事，总是开玩笑地说，一定让你孩子练个足球，篮球什么的，那些花费低多啦。除了金钱上的花费，时间和精力上的投入也是巨大的。家长除了每次训练要接送孩子，还需要经常在周末陪着孩子去各地参加比赛——美国很多比赛分区域联盟，如东北区域的各学校运动队就需要在客场比赛时往返各个地区参加比赛。朋友们常常开玩笑说他们的周末就是“住在车上”的：经常一个周末往返几百公里的路程陪孩子比赛。遇到几个孩子同时在外比赛的时候，家长们还要分头行动，恨自己没有分身之术。

为什么你愿意在孩子的体育运动上花费这么大的投入？我常常询问身边的同事。最常见的回答是，因为孩子喜欢。当然，这个“喜欢”背后有更深层的原因。首先，孩子为什么喜欢？美国的文化崇尚体育运动，大多数孩子可能还没开始走路就跟着家里人观看各种体育比赛了，这是喜欢的基础；其次，运动成绩优异的青少年在学校里总是更受欢迎，有更多朋友，这是参加的动力。当然，放学时间早，学习压力小，没有升学压力，也客观上促进了体育运动在青少年中的流行。

有家长可能要问，那么美国家长有没有功利心，想让孩子当个运动明星什么的吗？可能有，但不多。一些家长希望自己的孩子通过一项运动特长有机会去大学拿到奖学金。因为美国的大学学费对大多数家庭来说实在是太贵了。但更多的家长，看到了参加运动训练对孩子在成长过程中生理，心理和社会化的积极影响。

在一个对参加体育活动的家长和孩子质性研究中，一位美国家长这样评价参加体育活动对自己孩子的影响：

“［运动］很重要，它可以改变生活……它应该成为我们生活的一部分，因为21世纪的生活方式与以前完全不同……他们［孩子］不会做太多［其他事情］园艺或种植［活动］保持身体持续消耗能量……进行运动非常重要。为了健康……成为那个团队的一员，学习成为社区的一部分……学习如何变得更好……它还帮助他［儿子］提高他的学业成绩。我认为［他］因为参加运动，在学校的成绩更好了。当他们进行任何形式的锻炼时大脑工作得更好更清晰。我无法想象他会继续参加派对，抽烟喝酒吸毒……我相信从事体育运动的孩子不会参与帮派和毒品、酒精和其他事情。”

而她10岁的儿子，这么评价参加体育运动：

“参加体育运动就是结交新朋友，结识新朋友的整个过程。而且我认为，这是帮助孩子们变成熟的好方法，可以处理自己的情绪并与周围的人打交道……我认为这很有趣。这是我打排球的主要原因。而且我还认为这是一种很好的减压方式……我觉得如果我参加运动，我的工作效率会更高……几乎就像我用更少的时间来管理我的生活，我会更有效地完成我的家庭作业……参加体育活动可以帮助我的大脑更加清晰。”

这只是众多研究资料中的一个缩影。不难窥见，很少有一

件事情可以像体育运动一样给青少年带来多方面、长期性的积极影响。那么，在五花八门的运动兴趣班中家长又应该怎样选择适合自己孩子的呢?

运动兴趣班越早越好吗?

很多家长问，孩子2岁了，是不是可以上运动兴趣班了?

如果你咨询一些商业机构开设的运动兴趣班，像市面上的游泳班、体操班等，那么2岁，甚至更早的婴幼儿确实可以参加了。商家永远没有必要拒绝一个潜在客户。但真的有必要在这么早运动兴趣班吗?是不是越早参加兴趣班就越好呢?

我们先来看几个例子。在美国，从小学开始就有各种运动队供各个年龄阶段的学生选择，从高尔夫，网球，足球，橄榄球，冰球，曲棍球到田径，跳水，游泳等，应有尽有。除此之外，社区也提供针对不同年龄的运动兴趣班。很多兴趣班费用相对低廉，教练也往往都是家长兼任，但组织起来的比赛却相当正规。孩子们在场下比赛，家长忙前忙后张罗。这些体育活动把社区里的家长和青少年都紧密连接在一起。这样一张张深入基层的“网”遍布每个社区，组成了美国体育运动人才的后备军。无数孩子的运动天赋在这里被挖掘，慢慢走向金字塔的更高点。

我们先来看几个例子。比如，体操班，不管是外国还是中国，这样的课程从儿童1岁左右就可以开始了。这个年龄的孩子在运动兴趣班都学些什么呢？我女儿1岁半开始参加了镇上的体操班。这个体操班是在一个专业的体操运动馆里，从五六岁到十几岁的儿童和青少年（男孩女孩都有）在专业教练的指导下进行体操训练。1—3岁的幼童一般是由家长陪同着，做一些类似体操动作的游戏：如跟着音乐跳、走平衡木、钻隧道、前滚翻、后滚翻。老师有时候会示范几个动作。这个过程中很少有技术动作的讲解或者针对性练习，所有运动都是在“玩”的基础上完成的。

又如，游泳班。中国和美国都有很多针对婴幼儿和儿童的游泳班。有些婴儿从几个月就可以开始上这样的课程了。那么几个月或者一岁到两岁的儿童在游泳课里主要接受的是什么训练呢？是游泳的动作技术吗？不是。大多数时候只是由老师或者父母托着在泳池中玩水罢了。

那这些运动兴趣班有价值吗？有。比如，游泳可使新生儿得到自然的活动，水的静水压、浮力、冲击会促进新生儿各种感觉信息的传递和血液循环，引起全身包括神经、内分泌、消化系统等一系列的良性反应。

需要注意的是，在国内非常流行的让婴儿戴着“颈托式”游泳圈的项目有着非常大的安全隐患。小宝宝脖子很软，套脖圈容易伤害宝宝稚嫩的颈椎。脖子上有颈动脉窦，若不小心被压到，可发生压力感受性反射，出现心率减慢血压下降，严重者甚至会休克。所以，大人抱着、托着孩子游泳即可。在任何时候，婴儿、幼童和青少年都需要在救生员、教练员或者家长在场的情况下尝试水上运动。在家长单独陪伴的时候，家长不能玩手机。因为孩子一旦遇险，情况会非常紧急，且孩子没有能力呼救，短短几分钟就可能酿出事故。

如果从性价比的角度，运动兴趣班往往是非常低效的。首先，兴趣班一次几十分钟，一周1—2次，远远达不到儿童每天需要的运动量；其次，运动兴趣班需要家长接送和陪护，是一笔时间的支出；最后，运动兴趣班的花费不低，对大多数家庭都是一笔不可忽略的支出。

抛开这些因素，过早教授儿童运动技能还会遇到什么问题呢？最大的问题就是技能的学习与身体和认知发育程度不匹配。比如，游泳。2—3岁儿童的身体发育和认知发育还没有达到可以理解动作技能的水平。首先，协调能力还没发育好，做不到头、手、脚在水中的配合；其次，认知能力达不到。孩子理解不了什么叫划水，什么叫憋气；最后，在儿童没有领悟到学习这个技能的必要性，或者说形成强烈的内部动机前，机械地教授技能会损害孩子的兴趣。我一个朋友的小孩大概4岁起开始学习游泳，去了几次都呛水，她从此就对游泳产生了恐惧，在相当长的一段时间不愿意再去了。

所以，系统的运动技能教授和学习一定要和儿童身体、认知和心理发展水平相匹配。过早地“训练”反而会适得其反。下表是国外一些常见的运动兴趣班招收学员的年龄要求，给家长作为参考。

国外常见运动兴趣班招收学员年龄要求

商业类运动兴趣班	社区类运动兴趣班
体操（婴儿+，父母陪伴）	体操（2岁以上）
成人陪伴下的玩水/游泳（婴儿+）	游泳技能的教授（4岁以上）
足球(1岁半以上)	足球（父母陪伴，3岁以上）
舞蹈(2岁以上)	冰球（4岁以上）
空手道(3岁以上)	网球（4岁以上）
网球（3岁以上）	棒球（5岁以上）
滑雪（4岁以上）	高尔夫（6岁以上）
冰球（4岁以上）	独木舟（8岁以上）
滑冰（4岁以上）	排球（9岁以上）
高尔夫（4岁以上）	射箭（9岁以上）
	帆船驾驶（10岁以上）

商业类的运动兴趣班是以营利为目的的；社区类运动兴趣班是非营利性的，以服务社区为目的。

“正式”和“效率”的代价是“乐趣”

很多家长一想到学习运动项目，第一反应就是给孩子报班。认为一定要通过一个什么“班”学到的才“正规”，学习起来更有效率。在竞争如此激烈的当下，可以理解很多家长希望孩子“把每分钟、每块钱都花在刀刃上”。可是盲目追求“正规”和“效率”必然也有负面作用。对于儿童而言，这样的课程式的学习容易把快乐的“玩耍式学习”变成一种课业的负担，促生厌学的情绪。

朋友A曾经讲到，有一次她带着孩子和孩子的几个十来岁同学在体育馆里打羽毛球，他们水平不太高，大多数时候都是在一边打球一边嬉笑。正好遇到她另一个朋友B带着女儿在向专业教练学习羽毛球。朋友B苦口婆心地劝A，这样随便玩玩孩子怎么能提高？怎么能不请专业教练呢？不能打到一定水平练了有什么用？这一串质问让朋友A不知所措。但她看着朋友B的女儿：重复着同一个动作，并且不断地被教练要求改正动作，显然打得没有太多趣味。她时不时看着朋友A这边的场地上的小伙伴，流露出羡慕的眼神。

我想但凡这位女孩儿能选择，她一定更愿意加入她的同龄人团队，在这样放松的环境中打球，一起在打球中交谈、玩耍，不必背负母亲和教练给予的压力。她真的会在羽毛球上练出高水平吗？我不确定，但在母亲这样的压力下，她可能会逐渐丧失对羽毛球甚至其他运动的兴趣。

保护孩子对运动的热情和兴趣是学习的初级阶段最重要的

事情。热情是我们对任何事物执着追求的动力。阻碍孩子持续参与一项运动技能的最大阻力不是缺少技能、缺少指导，而是缺少热情。是什么消磨了他们的热情？是父母的急于求成、过高期待和功利性的目的。

有一次我在逛商场，路过一个“滑冰培训班”。在一个不大的场地里，十来个小朋友正在教练的指导下，一次次地练习最基本的动作：站立、蹲下、如何“优雅”地摔倒而不受伤。虽然学习自我保护很重要，但这样的运动兴趣班实在有点“枯燥”：那些孩子在一次次的“摔倒”练习中没有得到丝毫乐趣。与此同时，一群家长在外面玩着手机，无聊地打发着时间。

我想起自己小时候也很流行滑旱冰。那时没有兴趣班，也没有老师：大小孩带着小小孩，一群孩子在院子里玩着玩着就学会了。也许学得不够快，但是跟着一群小朋友一起玩比在这样的兴趣班里听着老师指令有意思多了。还节省了家长的时间和金钱。当然，很多人会说现在没有以前那样“大孩子带小孩子”的环境了。但我们不还有家长吗？

我之前认识了一位镇上的中国爸爸。他的两个女儿，一个10岁，一个5岁，都学会了游泳。“是送去的哪个兴趣班啊？”我问道。“没有兴趣班，我自己教的。主要就是玩呗！玩着玩着孩子就学会了”。最厉害的是，这位爸爸自己原来是不会游泳的，跟着孩子一起玩水、一起摸索，不仅自己学会了，还把孩子也教会了。

他的情况特殊吗？可能是。但仔细想想也不觉得不可思议了。回想一下，在我们小时候，上过“自行车兴趣班”吗？上过“跳绳兴趣班”“踢毽子兴趣班”吗？大多数人是不是都是在自己的摸索或者和小伙伴们一起玩耍中就学会了呢？除了节省了金钱上的花销，整个“学习”的过程就是“玩耍”的过程，是快乐的过程。但是，在教育行业商业化后，无数运动兴趣班如雨后春笋般涌现，似乎给了我们一种错觉：既然有“班”为什么还要自己学呢？

当然，体育练习不可能随时随地都是快乐的。在一定阶段，练习和坚持也会是枯燥的。但在起步阶段，**让孩子对一个运动建立起快乐的，没有拘束的学习体验，他才能够当以后在运动中感到枯燥，乏味，遇到失败时，依然保持对运动的喜爱和坚持。**退一步讲，哪怕孩子未来没有突出的运动成绩，但他在成年以后依然保持对运动的兴趣，有一项能交到朋友并可以增添生活乐趣的爱好不也是教育的成功吗？

克服跟风攀比心理

一些家长不确定孩子练习哪一项运动好，但一听说其他孩子练习了好几个运动项目，就不淡定了，生怕自己的孩子落后，也一定要给自己的孩子报上运动兴趣班才安心。归根结底，这其实也是攀比心理在作怪。不让孩子“输在起跑线上”是大部分家长的心态。但是重视如果变成了攀比，或者在从众心理下跟风，往往对孩子的运动发展并没有好处。在这样的大环境下，家长要怎样保持“淡定”呢？

首先应该明确：**运动兴趣班不是多多益善。**前面我们探讨过了，在孩子没有准备好，或者积极性没有建立起来之前，运动兴趣班不是适合每一个人。如果孩子每天在其他活动中得到了充分运动的机会，身体素养和运动能力会在潜移默化中提高，就不一定需要再参加兴趣班。就好比一个上课专心听讲，能消化知识点的孩子不一定需要课外补习班一样。

我有一位朋友给不到7岁的孩子报了3个以上的运动兴趣班，训练时间还经常冲突。常常是孩子这边游泳训练还没结束，就被从水里拖出来急急忙忙赶往下一个篮球班。这样紧迫的安排给家长和孩子都造成了心理压力。一个原本充满乐趣的训练过程就容易变成心理和生活上的负担。

运动兴趣班伴随着时间和精力的投入，家长自然而然地就会建立起一定的期待，希望这些“投入”尽快有回报。抱着这样心态的家长往往不能用耐心去守候孩子的成长，给孩子提高的时间。**家长在攀比的心理下，会有更多的功利心理。**比如，如果孩子没有及时提高或者变现得比同伴优秀，就会焦虑或者认为孩子不适合从事这项运动，要么马上给孩子换一个运动，从而忽视孩子在参与过程中的其他收获。有的孩子同时学习好几项运动，需要学习和吸收的东西太多，期望太高，反而伤害了孩子的自信心。

孩子刚接触一项运动时，大脑需要相当长的一段时间去学习和消化新的信息和技能。有些人虽然进步慢一点，但能持续进步，最后达到相当高的水平。家长应该注重学习兴趣和能力的培养，而不仅仅看到眼前的成绩，这样才使他们“后发制人”。

我小学和中学练习田径，其中好几位高中运动成绩非常优秀的同学，都是之前运动成绩平平，直到高中最后几年才开始有突飞猛进的提高，有的达到了国家一级运动员的水平。这样的“晚熟”就需要教练和家长有耐心、有信心，最重要的是家长不去计较短时间的得失。不是说所有的孩子都会经历类似的运动成绩的飞跃，但是家长应该有这样的心态：**不用运动成绩衡量孩子的得失，注重培养孩子兴趣，看到孩子在运动中得到的乐趣和自我的成长。**

运动兴趣班不可以代替家长

有家长觉得只要送孩子去运动兴趣班了，就不再需要自己过多参与。是否是这样呢？对幼儿和幼童来讲，家长和孩子一

起互动做游戏，陪孩子玩水，从提供运动机会和培养孩子兴趣的角度，效果几乎和运动兴趣班是一样的。比起兴趣班，家长带领儿童参与的最大好处是运动的机会更多。从时间量来讲，儿童应保持每天1小时的活动时间，而运动兴趣班最多一周一两次的时间，不能达到活动量上的要求。因此，父母必须在日常生活中给孩子提供额外的运动机会。在兴趣班之外陪伴孩子练习是必不可少的。

兴趣班的学习主要是“正式条件”下的学习，以教授动作和技能为首要目标。这样的学习虽然效率比较高，但同时要求儿童具有很高的能动性。比如，要有上兴趣班的学习欲望，并能在特定时间地点调动自己的积极性，还能坚持在课后练习。在现阶段，孩子们已经有大量的学习任务。额外的“训练任务”就给家庭带来更多的时间和经济负担，也可能让孩子产生不小的心理压力。相反，在家长的陪伴下进行的动作学习，更多的是“非正式条件”下的学习：孩子或观察父母的动作，或在和父母的互动中尝试动作活动，这样的学习更多的是没有压力的“潜意识”的学习，更能积极地调动儿童的学习能动性。

我们往往忽视的是，和孩子一起运动是多么重要的一段发展亲子关系的时光呀。很多运动需要有肌肤或者身体接触，这本身就可以增加幼儿的安全感。对稍微大一点的儿童和青少年来说，和父母一起运动还能促进亲子关系。跟陪孩子做作业不同，和孩子一起运动是完全没有压力的活动。孩子没有“做错题”而被训斥的压力，家长也不会因为孩子“学不会”而气得血压升高。

爱运动的家庭环境有助于孩子形成对运动的终身爱好。对孩子来说，家长永远都是他们心目中的榜样，特别在青春期之前。家长的喜好会耳濡目染地传递给孩子。如果家长自己喜欢运动，并且带着孩子一起运动，那么对孩子来说“运动”这件事的地位就会更加重要。

研究显示，如果父母肥胖，那么孩子肥胖的概率会提高2—4倍；除了一定的遗传因素，更大的原因是父母的运动量和孩子的运动量显著相关。[①] 且如果父母双方都积极运动，那么他们的孩子的运动量和运动积极性就显著高于父母只有一方积极运动的孩子。可以说，如果想养育爱运动的孩子，爱运动的父母是必不可少的条件。国外有很多针对儿童因为缺少锻炼而肥胖的干预性研究，这些研究的干预途径之一就是让孩子的父母参与到运动中，通过父母给孩子提供运动机会和情感支持，和孩子一起达到运动目标。

① Bahreynian, M., Qorbani, M., Khaniabadi, B. M., Motlagh, M. E., Safari, O., Asayesh, H., & Kelishadi, R. (2017). Association between obesity and parental weight status in children and adolescents. *Journal of Clinical Research in Pediatric Endocrinology*, *9*(2), 111.

家长的陪伴和参与是运动兴趣班不能给予的

小贴士：适合全家人一起做的运动

这些活动几乎都不需要很强的运动基础，零基础也可以在参与中得到乐趣：

- 散步。可以是全家一起散步，也可以是家长散步，孩子骑车，滑板车
- 跳绳
- 爬山
- 游泳 / 玩水
- 打篮球 / 拍球
- 打羽毛球

克服恐惧，建立自信。兴趣班不是不可以去，但是在孩子接受运动指导或者培训之前，家长还有一个重要的任务：帮助孩子克服对新事物或者新环境的恐惧，建立自信。

人类的本能都是对未知的环境和事物有恐惧心理的。比如，我们到一个完全陌生的环境会有一点担心和警惕，甚至对一些从来没有尝试过的食物会产生一些“怀疑”。我们能克服这样的恐惧主要是我们能用自己的经验和理性去说服自己：这个环境是安全的、可信任的。比如，很多人都会害怕坐飞机，因为高空会造成人类本能的恐惧。但是我们还是会去乘坐。因为理性告诉我们飞机是最安全的交通工具。但是对儿童而言，他们的经验和理性都非常有限，并不能按照大人的思维方式去判断。

比如，有些家长教孩子游泳时会说，你看，我在这里保护着你，你不会溺水的，大胆游吧。但是孩子怎么能理解这个逻辑呢？对他们而言，水是完全陌生的、没有安全感的。他们也没有过往经验去验证大人的说法。你是不是时常看到任凭大人怎么“劝说”，孩子们在水里大喊大叫像丢了魂似的？还有很多儿童因为这样一两次的“恐怖”经历，就再也不敢学习游泳了。

那家长应该怎么做呢？**首要任务是帮助孩子建立起对新环境的安全感。**对儿童而言，最能让他们产生安全感的是家长，而不是教练。这个环境可能是一个新鲜的场地或场馆，也可能是一种感官感受。比如，当孩子初次接触自行车或者滑板车时，“速度”这种感受对他们来说既是新鲜的，也是“恐惧”的。

你是不是看到过这样的场景或经历：家长在教孩子骑自行车，孩子其实能自己骑了，但还是紧张，不敢自己骑。家长说，我在后面帮你扶着车呢，你放心骑吧。孩子就骑起来，开始家长还稍微扶着一下，后面慢慢放手，孩子问：“还扶着吗？”家长：“扶着呢！”几个来回以后，家长说，我刚才其实没扶着你车。你自己骑得非常好。你完全可以自己骑了。

你看，对新环境和事物的安全感建立后，自信心也马上得到了提升。

孩子的安全感因人而异，但家长的互动和一些技巧可以很好地促进安全感的建立。我女儿胆子比较大，很小就可以自己戴着游泳圈在水里玩。但是我儿子特别胆小，就算他戴着游泳圈，也不让大人离开半步。有一年暑假，他和我父亲经常一起玩水。但我父亲很有经验，从来不教他怎么游泳，而是一直和他玩游戏。比如，我父亲发明了一个游戏“小鱼出水”：在浅水区把游泳圈取下来放儿子旁边，让他从水里“钻”进游泳圈里，然后慢慢拉长游泳圈和他的距离。试了几次后，儿子玩得非常开心，完全忘记了害怕。“瓶颈期”就这样被突破了。儿子建立了安全感，不再需要大人寸步不离。虽然当时他还没有完全学会游泳，但建立了对“水”这个环境的基本安全感之后，学会就只是一个时间问题了。有了这样的基本信任之后，再把孩子交给运动兴趣班或者培训机构，孩子也能更快适应。

如果你是没有运动细胞的家长。很多家长觉得自己没有“运动细胞”，不愿意“误导”孩子，更倾向于送孩子去“更专业”的机构学习。其实，绝大多数幼童参加的运动，家长都是可以陪伴或者辅导的。即使运动能力很差的家长，也是可以和孩子一起玩水的吧？拍球、踢球、跟着音乐舞蹈也是很简单的吧？这些基本的身体技能是完全不需要专业人士辅导的。很多家长会说，我教得又不“专业”，会给孩子“带偏”的。这也是不必要的担心。在动作发展初期，没有“标准”或者“专业”的限定，这些概念是我们人为设置的。**对儿童而言，没有不标准的舞蹈动作，没有不正确的投篮姿势。**只要他在观察，在尝试，在这个过程中有情绪的表达，就达到了这个阶段我们的目标。所以，不要让成人眼里的“标准动作”限定了儿童的发展。在这个阶段后，孩子有兴趣进一步提高了，再让专业的老师指导，便会事半功倍。

儿子上足球班，我有时间就会和他一起在后院踢球玩。我对足球技术动作一窍不通。但这样也恰恰让我没有机会去“纠正”孩子的动作技术。他能碰到球，就很开心；我经常踢歪让球掉进林子里，他也哈哈大笑。在这样没有“正不正确”的环境中练习，孩子很放松，也没有挫败感，反而能保持良好的兴趣。不久以后，他自然会在老师的指导下，学习“正确”的技术动作，但作为家长，我的前期“任务”完成了。

很多运动技能的习得是不需要家长教授的。比如，很多家长都不会自行车或者滑板车，但很多儿童在小区里，通过观察同伴和自己练习，很快就学会了。在这种情况下，家长只需要提供练习机会，当好陪伴的角色，保护好孩子的积极性，做好安全工作就足够了。

家长需要有一个“和孩子一起玩耍，一起学习，一起成长”的心态。把孩子交给运动兴趣班可能是一个简单的办法，但如果家长就此就不再参与，不再和孩子一起切磋交流，那家长和孩子的共同语言也会越来越少。不光是运动技能，儿童接触的其他很多信息、玩具、高科技都是家长们不曾接触过的。我认识很多国外的家长，因为孩子参加一个体育活动，而自己去学习这个项目，做孩子队里的教练（初级阶段对教练水平要求很低）或者志愿者。能这样做的家长，和孩子之间才会有特别紧密的亲子纽带。

对于家长自身而言，即使人到中年，带着自我发展，自我提升的理念去学习一项运动技能对自己也是一种生命质量的提升。在这个过程中，不仅通过运动建立了自己和孩子之间互动的纽带，也建立了自己和其他成年人之间一种新的互动的关系。同时，在学习运动过程中发展起来的经验和观察、坚持、决断、情绪管理能力等，也能帮助自己更好地观察孩子，为孩子的运动训练出谋划策。

我身边有不少中年家长，平时很少运动。因为孩子要学习滑雪，跟着孩子一起把滑雪学会了。有的后来甚至比孩子兴趣还大。在今年伊始，我问女儿在新的一年有什么愿望。她说希望妈妈学会下国际象棋，这样就可以陪她一起下。我本来是不太喜欢下棋的。但既然孩子提出了这个要求，我只好硬着头皮答应了。国际象棋并不难，很快我就学会了。虽然水平不高，但每天都能和女儿一起下一会儿。她非常高兴。我跟朋友开玩笑，父母也得感谢孩子。孩子偶尔推推父母，让父母也变得更优秀了。

运动兴趣班可以增加儿童对运动的乐趣和兴趣，并提供和家长、同伴的互动机会，也给今后条件成熟后再进一步地训练打下了基础。如果家长完全没有时间和兴趣和孩子互动，同时孩子在早期的运动兴趣班里，积极活动了身体，获得了乐趣，表现出对参与这些活动的积极性，且没有给家庭经济造成太大负担，那这类的运动兴趣班就不是没有意义的。如果家长真正地觉得几岁的孩子对某一个运动特别有兴趣，有学习的欲望，且自己的能力已经辅导不了了，那么恭喜你，他可能真的有运动的天赋，可以去接受更专业的辅导了。但归根结底，不管送不送兴趣班，家长依旧有任务和责任。想着送了运动兴趣班就可以甩手不管可能不会有太好的效果。

小贴士：选择运动兴趣班时的考量

- 选择的运动要符合孩子当前身体和认知发育水平
- 家长要克服自己的攀比心理
- 任何运动兴趣班都要以兴趣优先，不盲目追求技术水平的提高
- 运动兴趣班之外，家长需要在日常生活中给孩子提供运动的环境和运动机会，尽量参与孩子的运动活动
- 家长比运动兴趣班更能帮助克服孩子的恐惧心理，建立安全感
- 家长需要提供练习机会；当好陪伴的角色，保护好孩子的积极性，并做好安全工作

第 7 章

学龄期运动兴趣班的选择

到了学龄期，儿童已经习得了基本的运动技能，也形成了比较好的认知。在这个时候如果孩子对某一个运动项目有兴趣，就可以考虑选择更专业的运动兴趣班进行学习。那么在五花八门的项目中，到底怎样选择合适的兴趣班呢？家长又需要考虑哪些因素呢？

不管什么运动项目，要取得比较优异的成绩，都有必不可少的要素：**一定的天赋、持久的练习动力、恰当的指导。**

挖掘孩子的天赋

运动兴趣班的选择要扬长避短。每个人的运动天赋都是不一样的，而每个项目都有其要求的能力特质。比如，有些人爆发力好，那么就更适合速度型运动；有些人协调能力灵活能力好，就更适合球类运动。当然，各大类中还可以继续细分。比如，同样是球类，篮球和乒乓球的要求完全是不一样的。选择孩子相对有天赋的项目，他就更容易获得进步和成功，成就感带来更多自信，也会带来更多的乐趣，而乐趣是持久练习的动力。

那么具体应该怎样挖掘孩子的“天赋”呢？

显性因素。显性因素是指那些由基本身体条件就可以判断出的优势项目。比如，根据孩子父母的身高就可以大概判断出孩子的身高范围——如果不是特别高，那么可能在篮球，排球等项目上就没有优势。注意，这样的筛选只是很粗略的判断，并不适合作为选择的唯一参照标准。还有一些身体条件是需要专业人士判断的，如小腿跟腱的长度可以预测跳跃能力和爆发力等。

隐性因素。在涉及灵活性，协调性等能力上的判断就不是单纯可以通过目测就得出结论的。这个时候就需要通过其他方法来判断。比较好的方法是尝试和观察。

尝试就是让儿童去体验不同的项目。比如，是不是适合练习体操，在练习一个月到两个月后，有经验的教练会得出比较有把握的判断。尝试的过程，也是引导儿童发掘自己兴趣的过程。一般来说，儿童会对自己有优势的项目产生更多的兴趣，因为观察到自己比同伴更厉害，或者得到更多教练的表扬会让自己感受到在这个项目上的优势。能否产生这样的自信，也是评判是否适合的因素之一。

家长也需要在这个过程中观察孩子的表现：孩子对这个项目是否表现出特别的兴趣？在老师教授动作的时候，学习能力强不强？在和同龄人的比较中，有没有体现出一定的优势？此外，在课程之外，家长也可以和孩子一起观看相关视频，探讨练习的心得：孩子最喜欢练习什么项目？最喜欢这个项目的哪个方面？为什么喜欢？

发掘孩子的特长需要孩子和家长共同尝试，观察和体会。

专而精？还是泛而广？

很多家长非常纠结：到底是让孩子选择一个项目“从一而终”，还是让孩子尝试不同的项目，慢慢挖掘孩子的天赋？要回答这个问题，让我们来看看高尔夫球神童老虎伍兹和网球名宿费德勒的故事。

作家大卫艾普斯汀（David Epstein）在《通才》[1]（Range）

---

① Epstein, D. (2021). *Range: Why generalists triumph in a specialized world.* Penguin.

一书中对比了老虎伍兹（Tiger Woods）和罗杰·费德勒（Roger Federer）的成长故事。喜欢体育的朋友一定不会对这两位陌生。老虎伍兹是当代最成功的高尔夫运动员，获得过6次少年组世界冠军，15次大满贯赛事冠军。伍兹2岁时就能把高尔夫球推杆进洞，他4岁就能在高尔夫球场专注练习上一整天。他的父亲发现了伍兹的天赋，丝毫没有耽误，立即送他接受最好最专业，也是高强度的高尔夫球训练，伍兹迅速走向成功。

再来看看罗杰·费德勒。他同样有着辉煌的战绩：连续237周排名世界第一；103个单打ATP冠军，20个大满贯赛事冠军。比起老虎伍兹，费德勒有着截然不同的运动成长之路。虽然他母亲就是网球教练，但费德勒从小却没有接受网球训练，而是尝试了各种各样的体育运动，从足球、棒球到乒乓球，都玩得不错。而且在这个过程中他并没有参加专业的、高强度的训练，而是以娱乐为主的非专业性的练习。直到青春期后，才开始逐渐把重心转移到网球上。虽然专业训练开始得晚，但费德勒却有超长的运动生命。在很多同龄运动员都退役的时候，费德勒却在30多岁迎来了自己的职业生涯巅峰。

毫无疑问，他俩都是“万里挑一”的天赋型选手，但却有着截然不同的成长之路。伍兹很小就开始专而精的训练，心无旁骛，直达目标；费德勒却一直在广度上拓宽，着重多方面运动能力的发展，在后期确立了专攻目标后才向深度进军。

那伍兹式的专而精与费德勒式的泛而广，孰优孰劣呢？

专而精的优势是在技术目标清晰且明确的情况下，通过大量、高强度的练习，专业及时地反馈指导，迅速提高训练成绩。这个过程似乎印证了曾经一个广为流传的“一万小时理论”：在一个领域，通过一万个小时的努力可以帮助你从平凡人成为顶尖专家。

但一万小时理论也是有一些前提的，除了一定的天赋，还需要对这个项目有清晰的规则，客观的评价体系，不需要他人配合，相对较少的决策等。所以相比高尔夫，足球、篮球就不太适合这样的理论。

“专而精”更大的一个问题是，这是一个“一锤子买卖”。需要从小开始高强度的练习，并有强大的动力去坚持。这对年幼的儿童来说是非常困难的。而且由于缺乏其他技能的积累基础，如果在大量的练习后没有发展到理想的结果，那么再来转行就为时已晚。

相对“专而精”，“泛而广”适合更多的人。

“泛而广”最大的优势是让孩子在没有压力的情况下接触多种运动项目。参与不同的体育运动可以培养孩子的综合运动素养和能力。这个综合素养是绝大多数运动的基石。在某一个项目达到一定水平后，成绩的继续提高往往依赖于这些综合素养的水平。比如，一个优秀的运动员几乎可以在短时间内迅速掌握另一项运动。

此外，大多数体育运动都涉及开放性技术运动（open skill），也就是说运动发挥受到复杂的环境因素影响，需要运动员对当下情景作出分析和回应。这也需要运动员有较高的综合素养。

通过早期对不同运动的探索和反馈，可以对孩子适合的运动项目有更精准的判断。孩子的主观意见也会起到很大作用。在这样的情况下再选择某一运动项目进行比较专业系统的训练就更容易成功。最重要的是，在孩子早期对多项运动的尝试是在轻松愉快的氛围下进行的，不必背负专业训练的负担和提高成绩的压力。这对于学业压力已经很大的孩子和家长也是一种“减负”。

归根结底，运动能力的培养，除了深度以外，广度也很重要。**早期对多项运动的探索和尝试，不但不会延误某一项运动能力的发展，从长远来看，反而会帮助孩子选择更适合的运动，并有助于他们达到更优秀的运动成绩。**

家长的兴趣还是孩子的兴趣

很多家长为孩子选择什么运动项目而焦头烂额，但从来没有想过培养兴趣是培养谁的兴趣？想让孩子拥有一个体育运动爱好之前，家长首先应该想清楚，培养的是“孩子”的爱好，还是父母的“爱好”？

很多父母希望孩子从事自己喜欢的项目，帮助自己完成自己曾经的梦想。当然，这并不一定是一件坏事。一般来说，孩子的最开始的兴趣会受到父母很大影响。因为在孩子小时候，他们对各种运动项目的接触有限，也不清楚自己的长项，对父母的“建议”往往欣然采纳。

但当孩子到一定年龄后，会慢慢形成自己的兴趣爱好，而选择的项目很多时候和父母“帮助”选择的项目是不一致的。当孩子产生自己的想法后，如果家长不尊重孩子的选择，那么不仅会打击孩子的积极性，也会伤害孩子的独立自主能力，对性格的发展也会有不利的影响。

我小时候上的第一个运动兴趣班就是跳舞，因为我母亲非常喜欢跳舞，所以也就自然而然地把这个“兴趣”加在了我身上。那时候我自己也不清楚自己到底喜欢什么项目，就对母亲的选择欣然接受。但是，在练习一年以后，我发现自己对舞蹈完全没有兴趣，而对田径非常喜欢。在那个时候的文化环境下，很多人都认为女生是不合适练习田径这样男性化的运动的。但我父母没有反对，特别是我母亲，没有因为我“没有完成她的愿望”而阻止。有这样开明的父母，我充满感激。**“不要把自己的喜好强加给孩子”，**包括从运动项目的选择，到择业择偶，都是家长一辈子要修炼的功课。

孩子的项目我不懂

在一些国家，很多社区和学校运动队的教练都是家长。我的前系主任，儿子是橄榄球的校队运动员。从孩子中学开始，本来对橄榄球一窍不通的他就开始自学橄榄球规则，还成了孩子学校校队教练组的一员。橄榄球每个位置都有专门的教练，所以一个橄榄球队会有多达十多名教练。平日里，除了经常要参加孩子的训练，教练组开会等工作，每到周末，他都开着车载着一家人四处去观看孩子的比赛。这也成了家庭的主要文娱活动。

父母“委屈”自己的兴趣去迎合孩子的兴趣，不仅仅是尊重孩子，也是为了和孩子有更多的共同语言，让一个运动项目把一家人紧密联系在一起。

除了物质和时间上的付出，家长需要学习在感情上付出和心理上支持。比如，家长积极地去了解孩子训练、比赛、了解队友、教练等相关情况。更进一步，家长能借助孩子的兴趣选择去培养自身的兴趣，让自己可以更好地和孩子交流，和孩子有更多共同语言。

家长自测：尊重孩子，自己能做到哪一个境界

境界一：能用自己的兴趣去引导和启发孩子

境界二：能在自己兴趣和孩子兴趣不同时尊重孩子的选择

境界三：能让孩子的兴趣去引导自己的兴趣。

美国人常说：Be yourself（做自己）。世界上没有两个相同的孩子，也没有任何一个孩子在运动发展上的路是可以复制的。选择运动项目，最终是要发现挖掘孩子的特点，培养引导他的爱好，并结合家庭情况、环境资源等综合选择。最后，运动兴趣班归根结底也只是“兴趣”班。“兴趣”是前提，如果没有“兴趣”，千万不要强求孩子去参与。培养孩子运动能力和习惯的方法很多，并不一定要通过兴趣班的方式。

尊重孩子的性格和兴趣

根据儿童不同的身体和性格特点，选择适合的项目。有些儿童精力水平特别旺盛，那么选择对体力消耗大的活动就更适合。比如，足球、游泳、篮球等；有些喜欢有直接对抗的运动，那么那些有身体接触的项目就更适合他们，反之，游泳、高尔夫、射击、乒乓球等就适合不喜欢有身体对抗的儿童。

儿童一般对自己会的优势项目产生更多的乐趣，但是，如果在尝试了不同的项目后，有兴趣的项目和自己的天赋不相匹配怎么办？其实这个问题是很多美国亚裔面临的问题。因为人种的差异，很多流行的运动从身材上讲并不适合亚裔。比如，橄榄球对身体体型、力量要求特别高，一般适合非洲裔或拉丁裔。篮球对身高要求特别高，也不是亚裔的强项。如果孩子喜欢上自己没有优势的项目，父母应该支持吗？要回答这个问题，不妨考虑以下几个因素：

观察孩子是否能从中获得乐趣。前面提到，如果孩子能发掘一两个非常有兴趣的项目，那么他 / 她就更可能在成年甚至老年后依然对运动活动保持参与的积极性。而这个目标和好处，比起赢几场比赛，或者获得一个体育加分更重要。如果孩子特别喜欢一个项目，即使没有特别高的天赋，不能成为这个项目的佼佼者，家长也应该支持。

孩子是否持续提高和进步。兴趣是练习的启蒙，而在练习中不断进步能进一步促进兴趣的发展。在早期判断儿童是否特别适合某一运动项目有时候很难，甚至连专业的教练也做不到准确预测。这个时候，如果儿童在某一个项目上有明显的持续的进步，就可以作为选择的标准。此外，孩子也会体验到进步和提高对他们的心理认知发展很有帮助，可以提高他们的自信，乐观的品质。

“扬长”和“补短”

有些家长会问，那我的孩子如果特别内向，是不是就不应

该去选择那些集体项目，而选择更个人的、更适合孩子性格的项目呢？这个问题也应该分阶段来看。

短期来看，适当地让孩子走出舒适区，选择和自己性格相反的项目，可以弥补自己性格的“短板”。心理学家和社会学家比较认同性格发展相对均衡的儿童和青少年更容易适应社会。所以，家长可以引导孩子通过尝试一些运动，发展孩子性格的全面性。比如，内向的孩子可以尝试一些集体项目，有助于孩子变得更外向，提高社交能力；太外向、太好动的孩子，可以选择一些比较安静的，需要注意力集中的项目来练习自己注意力集中的能力，如射击、棋类、乒乓球等。比如，我儿子有短时间注意力不集中，我就让他练习用乒乓球拍颠球来训练他的注意力。

但长期来看，孩子更有可能在适合自己性格的项目上有所建树。所以早期可以选择尝试不同类型的运动，在后期，到了运动技术发展的核心时期，可以鼓励孩子选择一个最适合自己的运动项目坚持下去。

选错项目怎么办？

一些家长不知道怎样为孩子选择最适合的项目，担心选“错”会耽误孩子。选择项目到底有没有对错之分呢？

不同的运动项目，特别是集体项目，有着很大的差异。基于个体在生命不同发展阶段，不同社会化程度、不同目标、先天条件等情况，适合每个个体的运动项目都是不一样的。如果能针对自己的先天优势，选择最适合自己的项目，给予最好的环境培养，就有达到出类拔萃的可能性，这固然非常理想。

但从另外一个角度考虑，如果选择的项目是个体的弱项，那么通过环境和教育优化，提高和弥补短板，也能促进个体生命质量的发展和提高。归根结底，任何一项运动都可以帮助调节青少年的身体和心理，增强个体的自信心，使他们愉悦地参与社会生活。回想自己的“运动生涯”，自己真的选对了项目吗？如果不选择“田径”对我的影响又有多大呢？其实并不是我“选择”了田径，而是田径“选择”了我。在我上小学的时候，只有篮球队、排球队和田径队可以选择。普通的身高把我挡在了篮球队和排球队的大门外，唯一的选择就是田径了。虽然练习田径很枯燥，但我很感谢有这样一个机会去发展自己在学习之外的能力。虽然普通的身体条件并没有让我有出类拔萃的运动成绩，但抛开结果，其中的过程却使我受益终身。回头再看，不管我当初选择什么运动，其对我成长的影响都十分深远：有一个受益终身的兴趣爱好、交很多朋友、享受很多快乐和成就感、在失败和挫折中认识自己。

简言之，家长帮助孩子选择项目时不必畏首畏尾。就算“选错”，但这是一个后验问题，不能在开始的时候预见。再者，现在各种运动兴趣班应有尽有，一旦觉得有孩子更适合的项目也可以再换；最重要的是，不同项目对孩子的影响，特别是在性格、社会化等方面的影响都是殊途同归的，从长远看，并无很大区别。

其他考虑因素

选择生存必需项目。很多家长说，我实在不知道该给孩子选什么项目了，那么可以选择“生存必需技能”。所谓的生存必需项目就是指那些我们在日常生活中可能会遇到的紧急情况下需要的技能。首要的就是跑步、游泳。跑步自不用说，在任何紧急情况下“跑得快”总是一个很好的自我保护的技能。而且跑步还是“运动项目之母”：几乎任何运动项目都会或多或少运用到跑步的技能。此外，在孩子成年后，个人生活环境不同于在学校。跑步就成了最简单、最灵活的锻炼方式。同样的，游泳也是生活中的必备技能。现在，很多大学除了对学生的体能测试有要求，也把游泳作为毕业的考核内容之一，如清华大学就要求从2017级开始，毕业生必须会游泳。

选择冷门项目。选择冷门项目其实是一把“双刃剑”。一方面，冷门项目意味着练习的人相对较少，那么也相对容易“出类拔萃”。另一方面，冷门项目可能意味着资源相对有限，如师资、场馆，很多学校可能没有针对冷门项目的特长生。此外，很多冷门项目花费往往也比较高。这是家长针对具体情况需要考虑的。

选择集体项目。前面我们探讨了参加运动兴趣班很重要的一个好处就是培养孩子的社交能力，团队精神。这些能力在集体项目中往往更容易体现和培养。此外，相对于个人项目，集体项目的参与性，趣味性，观赏性也更强。集体项目还有一个好处就是团队往往能放大孩子的能力。比如，孩子可能个人能力不是最强，但是如果团队比较强，那么会把孩子的能力也提高到团队水平的层次上。

时间的投入。所有运动项目都需要时间的投入。但有些项目对场地要求高，孩子在专业训练时间外没有练习的机会，那么相应地这些项目对家长接送，陪伴的要求比较高，如击剑，高尔夫。另外一些项目更灵活，儿童可以在小区里、学校里也能练习，如篮球、足球。

花费。很多项目在初始阶段的花费可能不算高，但是当孩子达到一定水平后，相对的花费就会猛增。这些花费包括教练1对1的指导，场地的租赁，专业的服装和器材，比赛旅行的花费。比如，在美国，花费比较高的项目有：花样滑冰、冰球、马术、帆船等。家长需要在对某一个项目做长期投入前考虑这些因素。当然，如果家庭条件不允许，也完全没有必要在早期进行大额投资。如果孩子极具天赋，到一定水平后往往相对容易获得一定的奖学金或者运动队的资助来参加训练。

家长更没有必要因为不能为孩子提供好的运动条件而内疚。艰苦的条件下成长起来的孩子往往有更坚韧的品质，而这些品质恰恰又是运动和生活中都非常需要的。比如，美国著名的亚裔体操运动员，获得2020年东京奥运的女子体操全能冠军的苏妮萨·李（Sunisa Lee）的父母是东南亚的苗族移民，家庭条件并不优越。苏妮萨从小喜欢体操，继父买不起更好的器材就自己给她在院子里用木头做了个平衡木。年幼的苏妮萨·李就是在这根“木桩”上练习平衡木，走上通向奥运会的路。而著名的华裔花样滑冰运动员陈巍（Nathan Chen）家庭条件同样窘迫。他成名前，母亲陪伴他各地比赛时为了节省花费，时常住在汽车里。虽然这些是比较极端的例子，却能从侧面反映出艰苦的条件对孩子顽强的意志品质的磨炼。

如果你还是犹豫为孩子选择什么运动好，不如放平心态，把运动当成一个孩子玩耍和获得乐趣的机会。如此一来，无论给孩子选择一个什么项目尝试，都不会有太大的心理压力。在我儿子三四岁开始，就陆陆续续尝试了空手道、足球、篮球、网球等运动项目。选择这些项目不外乎就是因为刚好这几个项目的时间和价格合适。还有就是父母的私心：因为先生踢足球，就更倾向于他学习足球。不过，儿子 7 岁多时又开始喜欢游泳。每周和女儿一起去俱乐部游三次。先生不仅不反对，还自己开始钻研游泳技术，希望可以更好地指导他们。虽然年纪还太小，但他能有意愿继续尝试一项运动，就达到了我们的目的。至于以后，变数太大，影响因素太多，以顺其自然的心态面对就好。

考察教练 / 运动兴趣班的质量

对刚开始接触某一运动项目的儿童而言，和教练之间互动的质量，比教练的运动技术水平更重要。比如，对一个刚开始练习体操的儿童而言，老师不一定需要是个多么优秀的体操运动员，就像我们不需要博士去教授小学生一样。但是，老师一定需要具备基本的教育素质，如耐心和爱心。再有天赋的孩子，如果在早期没有一个具备这些素质的老师的引导和指导，那么孩子不但不会有显著的进步，还可能因为指导的不当而失去继续练习的兴趣。家长在为孩子选择兴趣班的时候切记考察教练的资质。

小贴士：启蒙阶段好老师 / 教练的特质

- **有童心：**不管什么时候，什么课程，孩子总是喜欢能和他们“打成一片”的老师
- **有耐心：**每个人都知道耐心很重要却不是每个人都有耐心
- **善于鼓励：**挫折是所有儿童在学习新技能时都要经历的。老师能否鼓励儿童面对挫折、战胜挫折，是好老师好教练的一个特质。鼓励可以是多方面的，语言的、行为的甚至是物质的
- **善于因材施教：**每个孩子不一样，老师如果能因材施教，那么孩子也最有可能得到提高和进步。好老师会在教授中针对不同的孩子给予不同的指导和反馈
- **经验：**和该年龄段儿童互动是否有经验，对该年龄阶段儿童技术和心理特质是否有了解
- **资质：**所谓资质就是看老师曾经的教育背景和专业认证。这是了解这个老师的“敲门砖”
- **其他家长的积极反馈：**就跟我们选择餐馆一样，别人的评价和反馈是最可靠的信息来源之一

在儿童进入青春期后，训练的强度和难度会增加，随之对教练的要求也会发生相应的变化。更高的运动水平当然是标准

之一。除此之外，家长也应该关注教练对孩子个性的影响。因为特殊的训练环境、长时间的相处、频繁的互动、对青春期的孩子性格的影响非常大。比如，有的教练视比赛结果为唯一目标，只要队员一输球，就把队员说得一无是处，完全忽略孩子的心理感受和在比赛过程中的成长。这样的教练对孩子的身心发展就非常不利。但同样严格的教练，如果把握好分寸和手段，就可以让青春期的孩子形成不怕吃苦，能正确面对得失等的优秀的品质。

我中学时期的田径教练——重庆南开中学的肖淑华老师对我一生的影响非常大。回想起来，她的这些特质和教育理念非常可贵：

以孩子为本。不把运动训练作为孩子的终身目标，而是通过运动训练让孩子成长为一个全面发展的“人”。她常常给训练成绩特别好的队员“泼冷水”：不要以为自己运动成绩好就得意忘形，你们将来都是要进入大学、找工作，做一个普通人的。所以在训练之外，她特别重视队员们学习成绩和其他品格的发展。在很多教练员视运动成绩为唯一目标的时候，她却反复强调学习绝对不能给运动让路。同时要求队员都积极参加班上的各种活动，真正成为班集体的一员，在运动场外也能有归属感、成就感。这样的远见需要教练真正为孩子着想，而不是仅仅让孩子的成绩为自己的业绩增光添彩。

因材施教。具体来说，就是结合每一个人的自身条件，制

定合理的目标和任务。比如，她不会要求我取得市级比赛的冠军，因为我没有那样的身体条件。但是我有达国家二级运动员的潜力，所以教练对我训练的目标就很明确。这样的目标让我不会因为比其他队员成绩差就自卑；反而让我因为能看到自己的进步而更加自信。回想起来，自己通过努力能成为国家田径二级运动员是我一生都很骄傲的事情。这个过程也给予了青春期的我极大的自信。这种自信也延续到成年以后。“因材施教”在运动中比学习中更能体现——因为可以个性化安排任务，但同时也对教练提出了更高的要求。

鼓励队员多思考，用“大脑”带动身体。有人觉得体育训练就是简单的身体重复，不需要动脑。教练却一直强调让我们在训练、学习、生活中用思考和反思去解决问题。比如，每天写训练日记，不是单纯地写干了什么，而是要想同样的训练任务，这次比上次好在哪里、差在哪里、为什么。赛前写备忘，自省身体状态和思想准备状况；赛后写总结，反思得失和下一步的自我要求；学习也是一样，我们的期中考试、期末考试成绩她都了如指掌，考得不好要反思，考得好了要总结经验。现在回头再看，这哪里仅仅是“训练日记”呢？简直就是我们的自我成长日记。因为这一个要求，我有更好的自我管理、自我反思、自我纠错的能力。这些能力哪一个不是成长中最需要的呢？

要求严格。严格不仅仅体现在训练中，也涉及生活中的其他方面。比如，不能化妆、染发、随意请假、训练后上晚自习不能迟到、不能在班级里搞特殊。当时我们可能觉得这样的管理太严格。但现在回想起来，我做事目标清晰、不拖延、雷厉风行、行动力强、这些特点都与当年教练的要求有着紧密的关系。

归根结底，不同的教练有不同的风格，而不能用统一标准去评判。具体到一个教练对孩子的影响如何，要用发展和全面的眼光去评价。家长要正视孩子在成长中和教练可能有的一些冲突，对教练给予一定的信任，不做过分干预。比如，不去质问教练为什么不让自己的孩子做主力队员等。当然，如果孩子和教练的互动出现比较明显的问题，家长就需要积极地介入和沟通。

小贴士：考察兴趣班资质

创办资质。培训机构都应该有相关部门的配准和许可。除此之外，机构的创办者是什么人？有什么资历？创办了多久？是否连锁？这些都是家长在考察时需要询问的。

教练流动性。教练除了有相应的资质，还要看教练在该机构的流动性怎样。如果大部分教练干的时间不长，说明机构管理可能存在问题。

是否有孩子的提高空间。兴趣班应该针对不同水平的孩子提供相应级别的辅导。如果兴趣班是“大锅饭”，不同水平的孩子在同样班级下学习，缺乏针对性指导，就会影响孩子进步。

是否以乐趣为核心。很多兴趣班打着培养“技能”“体能”的口号，不把孩子的快乐体验放在重要的位置，那么也是不可取的。我们反复强调孩子参加运动兴趣班乐趣的重要性，家长也需要把这个作为考察运动兴趣班、观察孩子体验、询问孩子反馈的一个方面。

场地安全。这是非常重要又容易被忽略的因素。场地安全可以通过观察现场设施，询问主管人员在场地安全方面做的工作等。另外一个需要询问的方面是教练或者工作人员是否具有急救认证，现场是否有基本急救设备等。

家长还可以通过很简单的办法考察孩子对某个运动兴趣班的看法：他是否保持去参加某个班的积极性？如果一个孩子对某一个项目感兴趣，但却不愿意去参加运动兴趣班，家长就应该进一步去了解和考察具体的问题所在。

第 8 章

引导孩子的运动乐趣

注重过程，放下期望

在 2022 年北京冬奥会上，一位法国选手在女子大跳台比赛中发挥得出色，但还是以微弱劣势遗憾地屈居亚军。她倒在地上，痛哭流涕。获得冠军的中国选手并没有急着庆祝，而是赶过去安慰她。在大多数时候，能获得一枚奖牌，或者哪怕能参加奥运会对大多数运动员而言都是至高的荣誉。从电视直播中，我们能看到激动和自豪都写在他们脸上。我能理解这位痛哭的运动员，因为赢对她来说可能真的很重要。但同时，如果心里只有金牌时，她可能很难去享受这个比赛的过程。也许我们更赞美那些“重在参与”的运动员。他们不为金牌而压力重重，他们想赢，但也不怕输，因为他们是来享受训练和比赛的过程的。如果我们只是着眼于胜利，那么每一次失败无外乎都是对这份热爱的一个打击。

对于孩子也是一样的。从运动心理学的角度来看，孩子都是好动的，这是他们和世界互动的方式。他们也是希望通过练习掌握某些运动技能的，这会让他们感到“胜任力”（competence）。而这种胜任力会让孩子们更自信也更快乐。但是，一旦有压力要求他们达到某个运动成绩，或者赢得一场比赛，那么孩子的注意力就会转向这个外部的压力源，继而忽略内心的感受。而这个外部压力源，很大一部分来自家长或者教练。孩子为了迎合家长或者教练的期许，也往往会把这样的压力内部化，形成一种自我压力。有压力不是不好，因为压力会促使我们更努力地提高自己。但如果压力变成“我要让别人满意”，那么压力就会变成负面作用。我们时常看到，孩子一开始对某个运动很感兴趣，也能在练习中进步，但是往往在输掉几场比赛后，进步达不到教练要求时，就慢慢失去了兴趣。**孩子哪里是不喜欢运动了呢？只是不喜欢“不能让父母和教练满意”的自己罢了。**

放低期望的第一步，就是注重参与过程，享受每一次进步。在我儿子和女儿练习游泳一年以后，他们第一次参加了社区的游泳比赛。这个比赛的竞技水平特别低，只要能游上 25 米的小朋友都可以报名。但赛事组织却非常正式。有专业的裁判用发令枪发令，家长志愿者做引导员、计时员等。最敬业的可以说是家长了。他们为每一位游到终点线的小朋友都爆发出热烈的掌声和呐喊，哪怕很多小朋友游得特别慢。名次重要吗？对有些人可能比较重要。但我看到的更多是小朋友享受这个比赛的过程，还有家长们对孩子的满满自豪。

家长自测：我有“打击”孩子的运动乐趣吗？

- 希望孩子“能得个什么冠军”
- 拿孩子和他人做比较，“你看，某某……”
- 给孩子设立过高的技能目标，“在 × 岁时候，需要能做到 ××”
- 在孩子失败或者没有达到目标时表示不满或言语责备
- 拿外部条件或物品给孩子做许诺：“如果你能做到 ××，我就……”

充分提供机会

一些家长抱怨孩子缺乏运动兴趣，似乎这是由先天因素造成的。但换一个角度，有没有孩子不喜欢做游戏？不喜欢和其他孩子疯跑呢？这些都是运动，也是孩子的天性。如果孩子成长到一定年龄，对运动失去兴趣，就需要家长思考是什么原因造成的。是家长没有提供足够的机会和正确的引导？或者家长有没有在不经意间“抹杀”孩子的运动的兴趣呢？

有一些家长一方面担心孩子的运动技能发展滞后，老琢磨着给孩子报各种各样的运动兴趣班；另一方面又在不经意的日常生活中破坏孩子的运动积极性。比如，孩子想去小区里踢球或者玩耍，家长不愿意陪，让孩子在家里玩玩具、看电视，或者给个平板电脑玩游戏。长此以往，孩子对运动的积极性自然就降低了，兴趣就慢慢转向了其他事情。

在我生活的地方，一年里有 5 个多月的时间室外都是冰天雪地。在我女儿 2 岁多的时候，有一天我带着她开车路过一个室外的活动场地，女儿就要求下车去玩滑梯。我以一个成年人的思维，试图“规劝”她：外面太冷了，地上都是雪和冰，我

成人眼里的“天寒地冻”是孩子眼中的“冰雪世界”。

们可以回家玩玩具或者讲讲故事。可女儿一再坚持，我最后只好妥协了。她高兴地跳下车，在冰雪覆盖的公园滑梯上“艰难”地玩了一个小时，毫不在乎寒冷的天气。我陪着她，感受到她的快乐，同时也理解了她：在室内待了一整天了，她的身体需要舒展，她的大脑需要新鲜的空气，她需要这样的玩耍给她小小的身体一点活力。

事后我开始反思，孩子之前有多少次这样的要求被我拒绝？有多少个冬日我们终日在家里无精打采地消耗着时光？因为我拿着手机，所以孩子也只好玩平板电脑？如果每次孩子想要活动身体的要求我都反对，她的身体会慢慢习惯这样的静态，最终不再对这样的运动活动感兴趣。

另外，如果孩子已经强烈地表现出不喜欢某一运动，家长是不是应该强制地给孩子报运动兴趣班呢？这样一个看起来简单明了的方式，其实是不合适的。原因很简单：强扭的瓜不甜。在孩子形成主动的兴趣和爱好之前，让孩子去参加运动兴趣班只会加深孩子对运动的反感。家长不妨做做以下的尝试。

让孩子“玩”起来

孩子可能会说“不喜欢运动”，但一定没有孩子会说“我不喜欢玩”。对孩子来讲，运动就是玩。前面的章节我们详细讲了“玩”可以怎么提高各种运动能力。所以家长首先要保证让孩子每天有足够“玩耍”的时间。玩可以是某一个具体的项目，如骑自行车，或者就是随意地“玩”，如玩滑梯，和小伙伴在小区里追逐，做游戏等；只要四肢在伸展，身体在活动，这样的玩都在直接或者间接促进运动能力的发展。

在竞争激烈的当下，很多家长觉得“玩”就是浪费时间。一看见孩子玩，就忍不住催孩子去学习。我们应该认识到，**玩是孩子生理、心理和社会发展的需要，是成长中重要的组成部分**。孩子只有在玩耍中充分活动了身体，放松了大脑，在需要学习的时候才能“静”得下来，才能更有效地学习。当然，家长还可以引导孩子“玩”出花样，“玩”出质量，在玩中更好地发展身体技能。家长带着这些思考去引导孩子，才能让这个“玩”有意义。

在 2020 年，我刚好带着孩子住在父母家。那时，我们有一个多月的时间不能离开小区。小朋友在家里坐不住，和小区里的其他小朋友又不太熟。百无聊赖时，我父亲就自告奋勇要带孙子去和其他小朋友玩。时常在下午或者晚饭后，小区里孩子多起来，他就带上孩子，组织上五六个小朋友，在草地上玩各种运动游戏。没有器材，可以就地取材，光是树枝，就让他设计出了很多花样。比如，小朋友围成一个圈，他站在圆心，手持树枝为轴，顺时针或逆时针旋转。小朋友依次跳起来越过树枝。任务难度随着树枝旋转的高度增高，速度变快而增加。小朋友注意力高度集中，既紧张又兴奋；他还用树枝当“栏”，让小朋友跑步“跨栏”。“栏”开始很矮，慢慢升高，小朋友都跃跃欲试，各种各样搞怪的“跨栏”动作也引来旁边家长和小朋友围观；不一会儿，“栏”又变身成了“跳高架”，每个小朋友助跑、起跳，看看谁能摸到“横杆”——树枝。这么玩了几天，来围观的小朋友越来越多，有好几个都要自告奋勇加入。这样一月多月下来，孩子们体能更好了，身体更协调了，还交了不少同小区的好朋友。

观察其他儿童的运动

模仿学习是儿童最自然也是最有效的学习方式。如果孩子还没有对运动产生热情，不妨在引导孩子参与的同时也让他观察其他小朋友的运动。所谓的观察，无非就是“看热闹”：可以是在小区里看其他小朋友参与运动，也可以去商场、社区、学校里看其他儿童参加运动兴趣班的活动。总结起来，观察学习有这样几个好处：

观察是学习的基础。就像造一辆汽车需要很多零件一样，一个动作的掌握也需要很多“元件”，而在观察的过程中，儿童会对各个运动的元素有接触，进而了解和认识。这有助于他们之后自己尝试。比如，通过观察别人游泳，孩子就会认识到游泳的元素就有：水、游泳圈、踢腿、埋头、憋气、手臂运动。

他也会观察到其他人在从事这个过程中的感情体验：欢笑、放松或者害怕、挫折。当这些“元件”都储存在孩子的脑海里后，在他今后尝试时，就有了一定的理解和预判能力，“组装”起来也就更得心应手。

根据著名心理学家班杜拉（Bandura）的自我效能理论，观察学习是个体形成“自我效能”的有效途径。**儿童在观察到同伴掌握一个运动技能时会提高自己对完成这个技能的信心**。很多父母可能有这样的经历，自己做示范让孩子尝试某一个活动其实效果并不好，但是如果孩子观察到同龄人的“示范”之后，马上就有意愿去尝试；这是因为儿童会在潜意识中把自己的能力以年龄相近的人为参照。

观察学习对孩子而言胜过老师的语言讲解。

观察学习可以鼓励儿童通过尝试而获取同伴认可。儿童从很小开始就会有“获取同伴认可”的意愿，这也是孩子社会化的重要过程。孩子们“一起玩”，并在这个“玩”的过程中表现出和同伴一样或者更高的水平时，他们也会更容易被这个群体所接纳。在儿童语言能力还没有发展起来的时候，通过动作的交流就是最直接的社会化途径。

当然，观察也不是只看，还需要家长的引导和鼓励。比如，家长可以询问孩子，“看哥哥姐姐踢球好玩儿吗？你下次要不要试一试？”也可以在观察中帮助孩子了解一些运动的规则，如“看哥哥把球投进篮筐里了，他得分了，大家都在给他鼓掌呢”。

如果没有机会在现场观看，看电视也可以。很多家长自己喜欢看体育比赛，却不允许孩子观看。孩子往往会对没有参与过的体育运动表现出一定兴趣，家长不妨在这个时候，引导孩子观看一些体育比赛，并间接讲授相关规则，回答孩子的问题，激发孩子的兴趣。比如，我和先生一起看橄榄球联赛和职业篮球比赛时，孩子们就会问我们在看什么，我们也就趁机给他讲这些简单的比赛的规则，鼓励他给“我们队”加油，最后“趁热打铁”，看完了邀请他一起“像电视里的叔叔那样”拍拍球。日积月累，孩子对各种运动的了解越来越多，希望去尝试的欲望也会越来越强。

体会成就感

儿童不喜欢运动最直接的原因可能是他还没有体会到运动带来的成就感，也就是前面所说的胜任力。除了“玩起来”，胜任力的直接来源是技能的掌握。“掌握”本身就带来成就感，还有伴随而来的同伴、父母、教练的认可。儿童刚开始接触一个运动时，技术水平不高，这个时候需要从最基本的动作开始练习，并在这个过程中让孩子感受到通过练习而进步的乐趣。

小贴士：帮助孩子体会成就感

在我儿子大概四五岁的时候，我们开始让他接触足球。在这个过程中，我们从以下几点帮助他提高：

- 和孩子一起练习。练习的时间可以是见缝插针。比如，晚饭前，孩子做完作业，我就会鼓励他们去玩一会儿球再回来吃饭
- 设立简单的任务目标，让他体会到自己的进步。比如，练习射门的距离由近及远；记录他带球速度的提高
- 孩子表现出挫折时，给予理解和共情，并分享自己克服类似困难的经历

- 孩子参加训练或者比赛时，客观记录他表现出色的地方并分享给他
- 观察他在训练班上表现出来的短板，回家后帮助他提高
- 会用视频记录下来孩子的进步，然后放给他看，发给爷爷奶奶看，让孩子得到鼓励和表扬
- 表扬孩子的时候尽量指出孩子做得好的地方，而不是泛泛地说“你好棒”
- 当孩子技术上没有进步时，可以表扬孩子的努力和坚持

如何面对孩子在运动项目上的负面情绪

孩子练习一个运动项目时只有三分钟热情，去了几次就不想去了，或者在一个项目上坚持了好多年，突然就不愿意继续训练了怎么办？是强逼着孩子继续练，还是纵容他放弃呢？家长不妨从以下几个方面来思考这个问题。

你也许就是孩子负面情绪的源头。儿子 5 岁的时候，我给他报了镇上举办的暑期足球夏令营。我的想法是孩子已经练习了一段时间了，去夏令营强化提高一下水平。没想到去接他的第一天，我就看见他一个人站在场地上，完全没有参

与运动，而其他小朋友正踢得起劲儿。我顿时气冒了烟儿。等他训练结束，我马上就对孩子一顿劈头盖脸地责骂。儿子受了批评，心里自然更不好受、闹情绪，然后剩下几天的夏令营就更不愿意去了。

当我冷静下来，捋一捋事情的前因后果后，觉得自己太冲动了。首先，孩子第一次去参加这样的夏令营，不适应新的环境；其次，其他孩子明显年龄比他大，技术好很多，孩子在场上有挫败感很正常；这个时候需要我耐心地引导和鼓励，需要的是“雪中送炭”，而不是“火上浇油”。但是，我心理上的期望值太高，难以接受孩子落后，甚至觉得“丢面子”。“拔苗助长”“操之过急”是我犯的错误。

孩子的负面情绪很多时候是家长直接造成的。家长的“稳不住”直接影响孩子对这个事情的兴趣和积极性。运动和上学不一样，运动场上大家的水平高低立见，对家长的“刺激”是直接且强烈的。送孩子去练习任何一项运动，家长要先问问自己调整好心态了吗。能接受孩子不是场上最优秀的，甚至是最差的吗。家长如果看见自己的孩子被比下去，心里能不能稳得住。能不能不带入负面情绪依然鼓励支持孩子。

了解问题的源头，对症下药。孩子为什么不喜欢运动？是不喜欢还是因为没有进步而感到沮丧？是教练有问题还是和同伴产生了矛盾？这些问题很难通过直接询问孩子找到答案，而需要家长充分了解孩子学习的过程，如上课期间要陪伴和观察，课后和教练交流，闲暇时间和孩子在相关问题上探讨。如果家长只是把孩子交到课后班就不管了，是不可能找到问题的原因的。

如果孩子是因为没有“赢”带来了挫折感，那么父母就需要引导孩子用积极的方式去调整。一方面，指出孩子所取得的进步和成就，让孩子去总结自己在练习过程中的成长；另一方面，鼓励孩子以积极的态度面对暂时的不顺利。输了比赛，父母应该引导孩子认识到输赢是任何人都要经历的；别人赢了说明他们练习得很刻苦，如果你下次想赢，就需要更多的练习。家长要利用好这样的机会，而不是在孩子沮丧的时候，用转移话题，或者盲目安慰的方式去安抚孩子的情绪。

我女儿从 6 岁多开始参加社区的国际象棋比赛。比赛都是分积分组的。每个积分组的前三名都能得到一个奖杯。她一心想着去赢初学者积分组的奖杯，没想到去比了几次都没有拿到。要强的她十分沮丧，抱怨为什么不分给她更弱的对手，这样她就可以赢得更多积分。除了安抚她的情绪，我也问她：如果赢了最差的选手，她会不会觉得自己很厉害？真正有实力的选手会不会希望和很差的对手对局？她慢慢在这样的引导中，走出挫败感，明白只有提高自己的水平，赢才有意义。

小贴士：孩子输了哭闹怎么办？

- 首先和孩子共情，理解孩子输了以后的挫折感
- 给孩子一段时间平静情绪
- 帮助孩子认识输和赢是相对的，是所有人都会遇到的
- 引导孩子认识对手的优势，向比自己强的人学习
- 和孩子一起分析在“输”的过程中有哪些收获？（如认识到了自己某些方面的不足，认识了新朋友）
- 帮孩子认识到自己下一步可以提高的方面，并制订一个提高的计划

家长同时需要注意的是，不要在孩子平时参加运动比赛时给予过多的物质奖励。如果要奖励，应该侧重奖励孩子参与的过程或者在参与中发挥出了好的水平，而不是单纯的结果。慢慢引导孩子把更多的注意力放在提高自己水平，而不是结果上面。这样，孩子就会更愿意去提高自己，挑战自己，而不是把注意力过多放在输赢上面。

当孩子和教练或者同伴的互动出了问题，家长就需要及时地和教练沟通。沟通并不是干涉——比如，有些父母会去质问教练，为什么不让我的孩子上场，或者为什么不让我的孩子做队长。盲目的干涉只能起到负面作用。积极和教练沟通的方法是询问孩子的练习情况，交流孩子的感受，征求教练下一步处理的意见。交流过程不仅仅帮助自己了解孩子的状况，也是很好地了解教练是否合适自己孩子的一个途径。

又如，有些时候孩子“不想去训练”可能是因为当时的身体状况，或者特定环境下的想法。家长需要在了解情况后判断，是不是需要让孩子坚持。在某些情况下外力的“胁迫”可以帮助我们克服一时的惰性，但是有时候如果孩子的“弦”绷太紧，适当的暂停和缓冲，可以帮助孩子更好地在身体和情绪上恢复状态。

女儿两岁时开始去镇上的体操班，开始她很有兴趣，但有一天上课的早上，她就闹情绪不想去。当时她太小了，还不能完全表述为什么不想，只是重复“不想去”。我就跟她说好，那今天我们可以不去，但下一次课我们一定要去。在课后，我把她的这种情绪跟老师交流，老师觉得可能是因为她在这个班待了快一年，可能觉得没有新鲜感了，就建议下次给她升班。同时老师也愿意在这之前发展一些新的动作让女儿尝试。这个“不喜欢”的问题，就通过“对症下药”的方法解决了。

帮助孩子提高。丧失兴趣的另一个原因是没有体验到成就感。成就感来源于对技能的掌握和提高。对很多孩子来说，仅仅依靠一周一次的兴趣班是很难有持续的进步的。这就需要家长在兴趣班之外，鼓励和帮助孩子练习。在美国，陪伴孩子上运动课和陪孩子课后练习是家长投入时间最多的事情。很多家长由于长期观看孩子比赛，已经达到了在孩子的运动队里兼职“助理教练”的水平。

我女儿刚开始上体操班时胆子很小。有个动作是往海绵池里跳。其他孩子都跳得不亦乐乎，她还是不敢。回家后，我发现家里的懒人泡沫垫是个好工具。我就把它放在沙发前面，发明了类似的“跳水”游戏。孩子们爬上沙发，然后得意扬扬地用各种动作跳进下面的懒人泡沫垫里。她对这个游戏乐此不疲。几天后，再去上体操课的时候她再也不怕了。当然，做这些尝试的时候家长不要忘记检查环境的安全和提供基本的保护措施。

孩子们很喜欢跳沙发，他们一定会把沙发弄乱，我们约定跳完了帮妈妈把垫子放好。

正确看待“挫折”和“平台期”

认识和面对失败是一项重要的人生课题。挫折对于儿童来讲，就像是一场小感冒，多经历几次，建立起强大的免疫系统之后，就有了承受失败的能力。长大后就不会轻易被一点挫折击倒。运动就很好地提供了这样一个机会。

几乎每个儿童和青少年都会在运动中经历挫折。可能是输掉一场比赛，可能是被教练批评，也可能是一直在平台期不能进步。孩子的灰心丧气是在所难免的。理解孩子沮丧的情绪，并不意味着家长要一味安慰孩子，或避而不谈，或转移话题，或用物质去弥补。更多时候，孩子需要的是父母认可和理解自己的情绪。在不知道怎么引导孩子的时候，不妨试着和孩子“共情”。“妈妈知道你很想赢，妈妈理解你的感受”“我要是你可能比你更难受”是更好地引导孩子认知和表述自己情绪的谈话方式。

在这个过程中家长和孩子要注意避免错误的归因。失败只是暂时的，它是一个我们在特定情景和状态下的一种表现，而不是一种稳定的、非可控的特质。一些孩子在比赛失利后，会把原因归咎于“对手运气太好了”“裁判不公平”“我不可能做更好”。父母为了安慰孩子往往也会“添油加醋”。殊不知这样的归因会让孩子过分关注自身之外的因素，反而失去继续努力的动力。家长需要引导孩子认知到体育比赛中的不可控因素一直存在，但只有在自身上找原因，认知到自己需要提高的地方，才会有动力更加努力。

运动心理学研究显示，优秀的运动员更容易把失败和成功归于自身因素，而非外界因素。这样的归因让他们不被外界因素过分干扰，也会有持续不断的动力去进步。

运动心理学归因理论模型[①]

	内部的归因	外部的归因
稳定性	我没有对手发挥出色	我今天运气不好
因果关系	我还没有尽到自己最大努力	对手太强，我肯定没有机会
可控性	我没有把自己状态调整到最佳	裁判不公

我国单板选手苏翊鸣在 2022 年北京冬奥会的男子坡面障碍技巧赛上获得银牌。赛后很多人认为他被裁判压分而为他不平。他在赛后采访中并没有认可这样的说法。他表示赢得银牌已经非常开心，目前最重要的是把精力放在准备后面的比赛中。正是这样的心态，让他在之后的大跳台比赛中稳定发挥，夺得金牌。试想，如果当时他也认为裁判不公，把失败的因素归因于不可控的“外部因素”带着沮丧和消极的情绪继续比赛，就不会有最佳的心态和状态获得金牌。

挫折教育要避免过多说教，而是要潜移默化地贯穿在生活

① Weinberg, R. S., & Gould, D. (2018). Foundations of sport and exercise psychology, 7E.Human Kinetics.

中。我和孩子们很喜欢看冬奥会中的自由式滑雪和雪板的比赛，经常有运动员在第一次和第二次的试跳中都会出现失误，然而在最后一跳的时候能发挥出高水平。我会利用这样的机会和孩子聊天：你看这位运动员头几次失败了，但是他没有哭，也没有放弃，马上调整好准备下一次尝试，就发挥出了最高水平。比赛就是这样，不到最后一刻不知道结果。

沮丧的情绪往往也来源于不能持续的进步。动作的习得和发展和练习时间不是遵循简单的线性关系。有些运动容易上手，儿童在学习的初始阶段技术提高较快；有些运动的习得是“先慢后快”，技能的快速提高需要初始阶段大量的积累。但无论是哪种运动，都会在发展到一定水平后进入“平台期”，出现运动成绩的暂时停顿，甚至下降的现象。孩子在经历运动技能发展的平台期时，很可能产生对自己能力的怀疑，或者产生厌学情绪。这样的现象是很正常的，其产生的原因也多种多样。从专业训练的角度而言，教练会有很多可以克服平台期的方法，如改变训练方法，重新建立技术认知模型，明确练习目标，分解技术动作。在持续一段时间后，很多孩子会进一步提高。我们首先要认识到这个问题的普遍性和阶段性。其次要帮助孩子也形成这样的认识，帮他们理解这是任何运动员都要经历的过程。

客观来说，根据每个人的身体条件，运动水平的发展都会有相应的极限水平。如果孩子在一个项目上的发展已经快达到自身的极限，继续提高就不太可能。这个时候，考虑放弃或者换其他项目也是合理的。做这样的决定时，家长需要和教练、孩子多方沟通，切忌代替孩子做决定。

不带理解地坚持是种软暴力

曾流行一种说法，大意是一旦开始上任何兴趣班，一定要练习三年以上才可以判断孩子是否适合。这样的说法有道理吗？

我们从事任何一件事情，小到选择一个兴趣班，大到选择专业、职业，都有很强的个人喜好在里面。这个“喜好”，就跟我们喜欢什么食物，喜欢什么类型的人一样，会很大程度上受到先天因素的影响。从人生整体发展的阶段来看，不同年龄阶段会有不同的兴趣爱好。发展新的兴趣往往意味着需要放弃之前的兴趣。所以，不是每一个运动项目都要坚持到底，在合适的时候，放弃为生活中其他的选择开启了可能性。很多时候，放弃是一种选择，而不是失败。

更换兴趣班就一定是猴子掰玉米，一无所获吗？家长在这个时候就要分清楚，孩子三分钟热情是特例性的还是普遍性的。是什么事情都不愿意坚持，还是真的是发现了自己更喜欢的爱好，愿意投入更多时间。如果是后者，家长是应该去支持的。还有一些家长觉得孩子不喜欢是因为不够“优秀”，如果孩子通过长时间的练习，取得了进步，是会“喜欢”上某项运动的。

这样的家长还是残留着我们之前谈到的“以自己兴趣取代孩子兴趣”的想法，总是安慰自己，孩子是可以通过坚持喜欢上自己为孩子选择的运动项目。遇到这样的家长，我往往会反问他们：你觉得是“努力喜欢”上一个人容易，还是不需要理由地“喜欢”一个人容易呢？哪一个又会走得更远，更容易收获幸福呢？

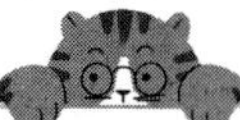

小贴士：什么是最佳的陪伴

一位曾经获得奥运冠军的运动员在赛后的采访中分享了这样一个故事：在决赛最后一跳前，她仅排在第二位。最后一刻她和母亲通电话。母亲建议她选择一个难度稍微低一点的动作，发挥得好可以拿一块银牌。而她想了一下，对母亲说：“我希望能挑战自己，冲一个更高的难度。母亲说：“好吧，选择是你自己的，希望你能享受比赛”。这位选手最后发挥出色，不仅获得了金牌，也真正地享受了挑战自己带来的愉悦。

这个短短的对话，其实蕴含了家长在陪伴孩子参加运动时的很多道理，希望对广大家长有所启发：

- 充分的陪伴；
- 适当的建议；
- 尊重孩子的选择；
- 鼓励孩子享受过程；
- 不为选择后悔。

帮孩子走出运动伤病的困扰

运动中的伤病不可避免。而伤病往往带来运动训练的停滞和成绩下滑。伤病还往往给青少年带来心理上的负面情绪。但如果因为这样的担心而不让孩子参加运动就没有必要。事实上，走路、睡觉、都可能发生很多意外，如脚扭了、落枕了。所以，家长应该担心的不是运动会不会受伤的问题，而是受什么伤、受伤概率有多大、会不会有长期甚至终身伤害，以及在孩子受伤后怎样帮助孩子调整心态。

有些运动更有可能造成严重的伤病。比如，北美最流行的橄榄球运动最近几年就被指出会因为频繁的脑震荡而导致球员的终身脑损伤。那要不要再让孩子参加橄榄球运动就是家长应该慎重考虑的问题。

另外一种伤病就是由长期地、反复地对某部位肌肉的过量拉伸而造成的。比如，棒球运动员投手的手臂部劳损，跑跳运动员的膝盖伤病等。这类伤病是可以通过调整运动量，避免过度练习而降低发生概率的。

当然有些运动相对来说更安全，如游泳就很少发生伤病。此外，没有身体接触的非对抗性运动的伤病也会显著少于有身体接触的对抗性运动的伤病；极限运动的伤病会显著多于非极限运动的伤病。建立良好的运动习惯是避免伤病的重要途径。包括做好练习前的热身和练习后的放松运动，穿戴好必要防护设备，练习前对环境安全性进行评估。

当伤病发生时，要及时就医。这是因为很多伤病涉及肌肉、关节、骨骼的劳损或损伤，如果不积极治疗，那么即使自我感觉伤病处不再疼痛了，也不意味着生理上的完全康复。一旦恢复训练，很有可能触发二次伤病。

从另外一个角度讲，我们应该看到伤病本身并不是完全消极、毫无价值的。**伤病让人沮丧，但也提供了一个让孩子遇到困难和挫折时调节身体和心理的机会；**当伤病发生时，家长要注意帮助孩子及时调整心态。比如，引导孩子认识到无论是普通练习者还是高水平运动员，伤病都是运动过程中很难避免的。带着积极的心态去治疗和恢复才能帮助自己尽快回到练习场。

在受伤过程中去体验战胜自己、超越自己的可能性。以前训练田径的时候，除了极其严重的伤病，教练常常要求我们带伤带病参加训练，甚至比赛——当然这需要非常有经验的教练员把握分寸。在身体不适的时候，尝试去完成以前做起来很轻松的动作，用意志力去克服疼痛带来的不适，而不是只能在舒适的环境中去尝试，这样的体验本身对青少年是值得尝试的。**伤病也是教育孩子珍惜爱护自己身体的一个机会。**往往当伤病来临时，我们才发现身体里的每一块肌肉，每一个关节都有着十分重要的作用：以前可以轻轻松松完成的动作，现在却完成不了。在修养恢复中才能更加深刻地体会没有病痛，身体健康的珍贵。

第 9 章

孩子运动能力差怎么办？

运动并非单一技能，而是和个体的发育、发展、社会化等有着千丝万缕的联系。不少家长都希望孩子能在某一运动技能中出类拔萃，即使不成为专业运动员，也最好能在比赛中获得名次。当孩子没有体现出一定的天赋时，家长往往会觉得沮丧，或者动摇让孩子坚持运动的决心。在这一章，我们探讨一下家长对孩子参与运动应该保持怎样的心态。运动对不同身体条件，不同性格脾气的孩子又有哪些意义和帮助。

运动技能滞后说明发育有问题吗？

一些家长因为发现孩子动作技能发展滞后于其他儿童，而担心孩子生理发育有问题。别的小孩会走路了，自己的孩子怎么还不会？自己孩子跑步的姿势为什么和别人不一样？这些担心有没有必要呢？从动作发展的角度来看，技能发展和年龄有关，但技能发展不是由年龄这个单一因素决定的。遗传、经验、练习、身体特征这些因素对儿童时期的动作发展都很重要。也就是说，就算大多数孩子在1岁左右可以开始走路，但并不意味着每一个孩子都会在1岁的时候学会走路。研究表明[1]，婴儿开始走路的时间不能预测将来动作的发展水平。所以，家长既没有必要为孩子比别人早开始爬行或走路而骄傲。反之，也不必焦虑。

当然，动作技能的发展滞后也是一部分疾病的医学诊断的参考因素之一。比如，自闭症儿童通常在动作技能、动作协调性等上发展滞后；一部分患有注意力缺陷多动障碍的儿童也会表现出动作协调性问题，比如书写不佳等。一些生理性疾病如肌营养不良、甲状腺功能低下等都可以引起儿童动作技能发展的滞后。家长如果在平时生活中观察到孩子的动作技能发育有问题，可及时联系医生及专业机构进行诊断。[2] 同时避免盲目地给孩子“贴标签”或者增加自己的心理负担。

“纵向比较”与“横向比较”

对孩子“不适合”运动的判断需要谨慎。运动能力是多维度的，也是相对独立的。比如，一个优秀的游泳运动员可能精细动

---

① Oskar G Jenni, Aziz Chaouch, Jon Caflisch, Valentin Rousson. Infant motor milestones: poor predictive value for outcome of healthy children. Acta Paediatrica, 2013; 102 (4): e181 DOI: 10.1111/apa.12129.

② 更多信息可参见：https://publications.aap.org/pediatrics/article/131/6/e2016/31072/Motor-Delays-Early-Identification-and-Evaluation

作较差，打乒乓球打不过一个小朋友。当家长做出“不适合”的结论时，往往是基于孩子某一个方面的运动能力。孩子在某一维度没有先天优势，并不代表其在其他维度也没有优势。我的一个中学同学，身材非常瘦小，在周围人看来是“没有运动天赋”的。但他却在运动中表现出很好的灵活性。最终他入选了北京大学的攀岩队，成了一个优秀的非职业攀岩运动员。所以，家长切忌随意给孩子的运动能力下结论。“合适”与“不适合”只能针对某一具体的项目，而不能指代所有运动能力。在给予孩子充分的，多样的运动尝试之后，孩子的优势才能充分得到体现。

评价个体的运动能力时，**“纵向比较”比“横向比较”更有意义**。横向比较就是和其他人比，纵向比较就是和自己比。每个孩子的运动基础是不一样的，这些差异有些是先天的，有些是孩子在幼年时期形成的。当家长认为孩子“不适合”运动时，更多是出于把自己孩子和其他孩子做比较时得出的结论。这个思维大多是因为我们的教育很多时候是基于“竞争”决定结果。比如，升学、就业等都需要和其他人竞争，并且要在竞争中胜出。但不要忘记了，大多数孩子在运动中获益跟输赢并没有直接的关系。如果孩子在某项运动上的起点较低，但是能通过练习进步，那么孩子依然能获益匪浅。如果抱着和自己比，而不是和别人比的心态，那么家长在这个过程中便少了一点焦虑，多了一丝笃定。

同时，我们也需**以发展的眼光看孩子的运动能力**。每个孩子的起点不一样，受影响因素不一样，发展速度也不一样。在某个时刻的判断，并不能代表孩子的真实能力和潜力。比如，我朋友的小孩子学习网球的时间较晚，在她10岁左右开始练习时，同队的小朋友已经练习了好几年了。水平差距是非常明显的，她在后面相当长的时间内都打不过队里的其他孩子。但她一直坚持练习，直到16岁左右，才追赶上队伍里同龄人的水平。但在这之后，她依然能持续进步，超越不少队友，最后获得了州冠军。在这个过程中，家长最大的作用就是没有在孩子能力完全发挥出来前用自己所谓的“判断”去劝退孩子。

赢，到底有多重要？

如果你问任何一个参加运动训练的孩子，答案都是肯定的。谁不想赢呢？赢就是比别人强；赢可以带来兴奋、自豪、自信和周围人的夸奖和赞许。但是赢又是一个不受自己控制的事情，也许你很努力了，但总有人比你强。如果特别想赢，造成压力过大，往往导致事与愿违。

在运动心理学中最常见的例子就是由于运动员在比赛中特别想赢，反而导致压力增加，而过高的心理压力会导致技术动作变形，注意力不能集中，而发挥失常。而运动心理学家的主要干预工作就是确保运动员在比赛中把注意力放在技术动作而不是比赛结果上。因为比赛结果往往不在个人的掌控之内，而发挥出最佳技术动作却是可以通过自己的调节做到的。“从想赢怕输”到“不想输赢，专注技术”，说起来容易，实践起来却是非常困难的。

喜欢看奥运会的朋友会想起哪些最后一刻反败为胜的例子呢？让我印象深刻的是，2021 年东京奥运会中我国的第一枚金牌。杨倩在女子 10 米气步枪决赛最后一枪前落后俄罗斯选手加拉什娜 0.2 环。在两人的最后一枪中，加拉什娜失误，仅打出 8.9 环。这个成绩对于专业选手而言可以算是相当大的失误。毫无疑问，她在最后一刻心理坍塌了。而杨倩凭借稳定的发挥夺得冠军。这样的例子还有很多。但毫无例外，所有能在最后一刻发挥出高水平的运动员都是能把成败的结果抛在一边，而全身心投入技术动作中去的。

这个例子同样适用于家长和青少年。“赢”只是参与体育运动的一个结果，而不是过程。在参与的过程中，我们总会遇到不同水平的对手，所以比赛总是有赢有输。和高考分数不一样，绝大多数人并不需要“赢”这个结果去左右生命中重要的决定。过分把注意力放在“赢”，反而会一叶障目，甚至让孩子受到打击、过早放弃参与体育运动。生命的意义在于成长和体验，而不是比较。关注参与的过程而非结果能让这段生命中的体验更独特、更有意义。

我小时候虽然一直参加田径训练，但并非天赋异禀。身边身体条件比我优秀的同龄人太多了，而有些差距不是刻苦的训练就能弥补的。在认识到自己并不可能成为优秀的田径运动员后，我并没有放弃训练。因为我很享受生活中有学习之外的一个兴趣爱好，而我的父母和老师也没有给我赢的压力。当我队友的梦想都是要拿冠军的时候，我只是想继续在运动中体验快乐。回头再看待这段经历，我特别感谢我的教练和父母没有因为我的“前途暗淡”而“劝退”我，因为他们也看到了运动对我成长的积极的影响，所以支持我继续当一个“成绩平平”的运动员。

鼓励孩子追求梦想，这不单是一句心灵鸡汤。不是说每个梦想都能实现，而是追求梦想这个过程本身值得尝试。**失败或者最后放弃的意义也是人生成长中的重要一课，这些经历对青少年一生的发展意义重大**。大多数人并不会成为专业运动员，而会在人生的某一阶段因为学业或工作的原因停止或减少运动训练。如果“不适合”只是针对成为专业运动员而言，那并没有太大意义。家长要看到参加运动训练过程对孩子成长的意义，而不需要太纠结最终的结果。对我和我当年的队友而言，无论我们的水平高低，最后都因为学业和工作不再进行田径训练。但那段时光依然是我们生命中最难忘的日子。所以，只要孩子真正对一个项目有兴趣，在其中体验了成长的酸甜苦辣，哪怕最后的放弃是必然，这个过程依然是有意义的。千万不要让他人“不适合”的评价阻碍了孩子对爱好的追求。

在这个过程中，必然有挫折、必定有动摇，但家长的及时交流与鼓励，引导孩子看到自己在这个过程中的成长和收获，才能帮助孩子及时走出消极情绪，建立合理期望，做出从长远看来更适合自己的选择。

弥补“短板”

更多时候，参与运动的意义和益处是对个体参照而言的。换句话说，不管孩子参与运动表现是不是比其他人强，他一定会在参与运动过程中获得很大的收获和提高。比如，我们前面谈到运动对孩子身体发育、大脑发育、记忆力、注意力的提高、情绪的改善，这些都是纵向的。也就是说，无论你的先天水平和身体条件如何，只要参与，就能在这些维度获得提高。如果你的孩子运动能力不强，或者欠缺天赋，不妨从以下几个角度看待运动：

一个瘦弱的孩子，在参与运动过程中可以给肌肉和骨骼充分发育的机会，从而变得更强健，并在变得强健的过程变得更加自信；

一个坐姿不端正的孩子，能在运动中增强身体核心的力量，更好地支持身体长时间的学习活动；

一个写字歪歪扭扭的孩子，能通过运动增强手指精细能力，增强书写能力；

一个内向的孩子，在和教练，队友的互动中可以变得更开朗，交到更多朋友；

一个多动的孩子，在运动中释放能量，能更好地提高注意力和课堂表现；

一个身体偏胖的孩子，可以在参与运动的过程中让身体更强壮，而不是单纯的“胖”。在没有“胖”这个负担后，可以改善很多偏胖孩子的“自卑”心理。在教学实践中，我们其实看到很多偏胖的孩子有着相当好的身体协调能力。如果没有参与运动的机会，这些孩子可能还贴着自卑的标签，很难意识到自己有这样的身体能力。

一个身体不太协调的孩子，能通过老师的指导、观察同伴，练习学会一个动作，哪怕他依然没有其他孩子做得好，但是他可以建立起来一种信心：“我可以通过自己的努力来变强”。这是青少年时期需要建立的一个重要心理能力。

一个缺乏安全感的孩子，通过运动慢慢建立起对他人，对环境的信任感。比如，跳绳时，每一次跳跃都需要摇绳的人配合；打球时，队友们需要互相传球，学会支持他人，而不是独领风骚。在这个过程中孩子会增加对人的信任感。

除了心理的自信，运动还能建立孩子对自己身体的信任。比如，自己可以提多重的东西、可以跑多远、能不能做引起向上，这些对身体的探索都是通过运动来评估的。孩子在运动的反馈中，可以评估自己的能力。如果孩子评估自己的能力不够，又没有练习进步的机会，那么孩子将在未来的生活中去回避这样的场景——不再继续参与这类的活动。相反，如果在充分的练习下，身体的能力就会不断提高，就会给孩子们提供探索新世界的能力和动力。这是一种基于对身体信任而来的，幸福的体验。

部分家长过分纠结短期运动能力，希望孩子每一次练习都要带来可量化的提高。这也是不现实的。在早期阶段，家长应该把小朋友在运动中的积极体验而不是单纯的技术水平放在第一位。技术的进步是一个从量变到质变的过程，其影响因素很多，包括孩子的发育水平、认知吸收水平、练习效率。

因此，技术的学习过程绝对不是直线上升的。过分纠结短期的技术水平提升会无形增加家长和孩子的焦虑，一叶障目，忽略了运动带来的多方面的益处。积极的体验是形成爱好的基础，也可以保护参与者的积极性。对儿童来讲，所谓“运动”更多的时候就是玩耍，是他们与生俱来的本能活动。家长在这个阶段的主要目的，是保护好小朋友对运动的积极性，保证孩子每天的身体活动时间，让孩子在玩耍中体会到运动带来的快乐，这比单纯地考量孩子的运动能力水平更为重要。

我小时候常跟父母和他们的朋友们一起旅行。我印象极为深刻的是每到一处湖泊，父亲都会询问是否可以下水游泳。我们有时候会觉得这样比较另类和危险。而父亲总是说他并不是盲目下水，而是基于他对自己游泳能力的信任和当时的环境的判断。每次畅游一番后他都特别兴奋，说这是他在“到此一游”

外，体验大自然的一种互动。

受父亲的影响，长大以后我也在旅行中尝试和大自然进行更深度的互动。前段时候和朋友们去冬奥会举办地纽约州普莱西德湖（Lake Placid）旅行时，看到那里清澈的湖水倒映着湛蓝的天空和远处的雪山。湖里专门为游泳爱好者拉起来了浮漂。在安全有保障的情况下，我一口气在湖里游了一个来回，大概 1 公里多。在朋友们在岸边赏景聊天的时候，我在和大自然的互动中享受到了更特别的体验。这并不是要炫耀或者鼓励每个人这样尝试。在你不够清楚或者过高估计自己身体能力的时候，这样的尝试也许是危险的。但是，**当你和你的身体充分建立起自信后，你的身体就会回馈你体验这个世界更独特的方式。**

当你照顾好自己的身体，给身体充分的养料（食物）和照顾（运动），那么身体也将回报于你。很多人可能直到年老力衰，或者身体出现问题的时候才意识到这句话的意义。如果我们从小就能让孩子建立自己与身体的信任，他们就更有可能在未来的生活中去爱惜自己的身体。

避免拔苗助长

在我儿子出生 40 多天时，我就把他抱到家附近一个湖里

玩水。当时我也有让孩子“赢在起跑线上”的心态。毕竟自己也很喜欢游泳，说不定孩子会是个不错的游泳运动员。但是在儿子三四岁时，他却表现出对水极度的恐惧，其他小朋友都很喜欢水，他却在水里极度没有自信心，戴着游泳圈也会害怕得大声哭喊。这让我很失望。“算了，别指望他成为优秀的运动员了。”我心里想着，便不再强迫他。

放低期望以后，我不再强迫“教学”，而是让他有尽量多的时间在水里玩。在玩的过程中，和孩子一起发明了很多新的玩法：打水仗，在水里“寻宝”。好几个夏天，孩子们就这样在游泳池里泡着，没有学习目标和压力。但有意思的是，在水里的时间足够长以后，孩子就不怕水了，而且老琢磨着有些什么新的“玩法”，怎样才能在水里蹦跶得更快，憋气更久，因为这样打水仗才有优势。孩子不怕了，有兴趣了，自然而然就学会游泳了。当他 7 岁时，就已经考进了社区里的游泳队。这是一个无心插柳，水到渠成的过程。回想起来，如果当初我迫不及待地给儿子报一个游泳班，只怕会把他逼得“谈泳色变”吧。

同时我也庆幸，自己并没有因为当时觉得孩子没有游泳“天赋”而放弃让他游泳。在孩子幼小的时候，家长掌握的很多信息是不全面的，做判断时是有偏见的。如果因为自己的一个判断让孩子失去继续练习的机会，也是非常可惜的。在观看 2022 年北京冬奥会的时候，解说员时常提到某个运动员很晚才开始练习这个运动，但进步神速，短时间内就达到了参加奥运会的水平。我也在想，如果真的是让这位运动员在幼小的时候就开始练习这个运动，还能表现出非常高的“天赋”吗？这就好比一个小学成绩非常优秀的人长大不一定依然出色和优秀。反之亦然。人和人的发展是有很大差异的，我们应该尽量不要给孩子在某一个阶段贴上“你没有天赋”这个标签。当家长不再抱着孩子一定能成为优秀运动员的目标或者其他功利性的想法后，孩子才更能享受到运动的乐趣；更不容易感受到折，对运动更有坚持性。

体能训练避免适得其反

近年来，市面上出现很多青少年体能训练营，并大力宣传孩子参加体能训练的好处。不少体能训练营因为其运动量大、减肥效果显著而受到“小胖子们”的家长的欢迎。还有些家长认为体能训练是提高孩子运动能力的捷径。

体能确实是很重要的一个评价运动能力的指标。但需要注意的是，**体能提高往往是参与运动锻炼的客观结果，而不应该是青少年训练的主要目标**。首先是因为体能训练比较枯燥，容易打击孩子们的参与积极性。我们的体育课强调通过有意思的运动和活动，提高孩子参与的积极性，从而培养孩子成为“终身运动爱好者”。单纯的体能练习，如折返跑、下蹲、跳绳、仰卧起坐等，虽然训练效果好，但缺少乐趣，短期内可以坚持，但长远看会伤害孩子参与运动的积极性。

其次，体能训练如果缺乏新技能的学习，其对大脑的学习能力并不会有显著促进作用。在前面的章节中，我们论证了运动只有在调动大脑积极参与的时候才会有促进脑细胞突触的连接，增强学习能力的作用。

体能训练往往缺少同伴和队友的配合或对抗，孩子也失去了从中培养了团队和社会交往能力的机会。在各类体育考试的压力下，也许家长不得不考虑通过体能训练在短时间内提高孩子的运动成绩。但家长不应该为体能班短期的效果而忽略其可能导致的长期弊端。

小贴士：陪伴孩子参与运动时的心态

- 孩子之间千差万别，要抱着和自己比，不要和他人比的心态
- 不要以竞争的心态去参与运动；在竞争之外，要发现孩子在运动中其他方面的获益
- 尊重孩子身心发展规律，在孩子学习运动技能的过程中不要急功近利或者操之过急，切忌拔苗助长
- 不要过早给孩子的运动能力下论断。让孩子的兴趣去引导运动项目的选择和参与

第 10 章

做一个爱运动的家长

想让孩子运动，除了给孩子提供各种参与运动的机会，更有效的途径是家长也参与到运动中。家长有自己喜欢的运动项目并经常参与，孩子也会耳濡目染。研究显示，如果父母都爱运动，那么孩子积极参与运动的概率会增加接近 6 倍。[①] 这是“言传身教”最好的证据。如果你并不是一个爱运动的家长，那么这一章节将帮助你打开一些新的思路。

打破中年人的困境

我相信这本书的许多读者都是为人父母的中年人。在上有老下有小，还要拼事业的年纪，繁忙的工作和生活让人难以应对，运动似乎变成了生活中的“奢侈品”。不运动的日子带来的是体力日渐下滑，身体日渐松弛，睡眠质量越发低下。青年时期的朝气蓬勃似乎渐渐远去，伴随我们的是时常的焦虑不安。

如果不知道从何下手整理自己的精神，不如从整理自己的

---

① Moore, L. L., Lombardi, D. A., White, M. J., Campbell, J. L., Oliveria, S. A., & Ellison, R. C. (1991). Influence of parents' physical activity levels on activity levels of young children. *The Journal of Pediatrics, 118*(2), 215–219.

身体开始。2020 年年初，因为刚刚获得一个学期的学术进修的机会，我从美国波士顿回到重庆。本来我早早地就为这次进修做好了安排和准备：在重庆过完春节就去日本进修半年，并自学了快一年的基础日语。但突如其来的新型冠状病毒感染把我困在重庆。把一个月的停留变成三个月。

失望、焦虑、不确定性夹杂着担忧都一股脑儿地涌来。“我得好好调整自己的状态”。我的目光转向行李箱，那里面有随身带着的运动鞋和衣裤。有一天我突然决定，“我要去跑步”。出门可能有风险，但一想到跑步带来的身体和精神的“洗礼”，我决定尝试一下。在空旷的小区，我孤零零地跑着，用脚丈量着我生活的地方和那些平日里没有机会走到的角落；用眼睛感受身边的一草一木：初春的脚步并没有因为“隔离”而延迟，欣欣然的绿意蠢蠢欲动；用呼吸感受身体的变化，从唤醒身体，感受身体的疲惫，到克服疲惫的快感。跑上半个小时，身体舒爽，心情愉悦。就这样，在艰难的日子里，跑步成了我一天中最期待的事情，期待它每天都按时地、毫不食言地唤醒我的身体，带走消极情绪。

学习一项新的运动技能同样可以带来身心的积极改变。在新型冠状病毒感染得到控制以后，我开始在小区里和一群小学生一起每天跟教练学习一个小时的乒乓球。短短两周的学习使我进步明显。因为起点低，几乎每一天我都可以感受到自己球技的提高。

不过周围一些好朋好像不太了解这样的行为。我当然知道他们的意思：难道不是小朋友才是值得“投资”的对象吗？

成年人为什么不能为自己“投资”呢？人的一生都是一个不断自我完善、自我发展的过程。人一旦处在一成不变中，便会了无生趣。完成工作中的一个新任务，阅读一本有思想的书，都是我们自我发展的一小步。学习和练习一项运动技能，也是同样的道理。学习一项运动技能是一个获得成就感的重要渠道。成就感带来的是满足，自信，期待和对生活的积极态度。

在青少年时期我们每天都在获得新的知识，认识新的人和事物，但这种感觉在工作后的重复性生活中会慢慢降低、消退。**在学习一项新的运动技能时，我们似乎又回到了年少时的状态，通过倾听、观察、练习、思考、流汗，见证自己的提高**。或许你已经有了一定基础，或许你从来没有正式学习过一项体育运动，这都没有关系。因为成就感并不是来自达到某个水平，而在于和以前的自己比进步了，状态更好了，或许还能让你交到一群志同道合的朋友。和其他活动相比，体育运动的付出——回报模式非常直接，很少受其他因素干扰。这正是学习一项运动技能能带来极大成就感的原因之一。

家长学习一项新的运动技能同样给孩子树立了榜样，和孩子建立起了共同语言。孩子的行为极大程度上受了父母的影响。在前面章节我们大量探讨了孩子参与学习运动的重要性。如果想要孩子积极参与到一项体育活动中，那么家长以身作则，树立一个良好的榜样也会激励孩子。此外，在这个过程中，家长和孩子因为有共同的兴趣爱好也会有更多陪伴彼此的时间，建立起更多共同语言。

学习一项新的运动技能还能提高家长自身的运动素养，包括运动能力、观察能力、对不同运动项目的选择的判断力。长期来看，这些技能都可以帮助家长更好地培养孩子的运动能力，帮助孩子选择适合的运动项目和运动兴趣班等。

总而言之，很多家长因为没有运动的习惯或者爱好，认为在中年后再开始尝试似乎为时已晚。我们应该意识到改变习惯从来都不是一件容易的事情。打破习惯本身需要很大勇气和尝试。改变也是一种机会，让我们有机会尝试新的活动，开发自己更多的潜能。比如，我有好几位朋友，就因为不得不离开健身房而开始在户外跑步。其中一个朋友在跑了半年以后居然去跑了马拉松。如果没有勇气去尝试，她们可能永远不知道自己在跑步上的潜力。

在这个过程中，最重要的是我们要有打破惯性的勇气，积极去寻找和尝试新的运动方式。这个过程可能没有那么顺利，但我们不妨抱着试试看的心态，不要给自己压力。如果不喜欢，那么就不尝试第二次。通过这样开放且平和的方式去重新发现自己。

运动是良方

“运动是良方”（Exercise is Medicine）这个概念早在九十年代就被美国运动医学学会提出并大力倡导了。其直译意思是：运动是药物。这个“药物”指的是运动在预防各种慢行疾病中的重要作用。或许你时常接触到关于各种慢性病如癌症等发病年龄趋低的资讯。身边可能也有同学或朋友正值中年却突然患上恶疾。对于父母未老，孩子尚小的中年人，健康的身体比什么都重要。如果担心类似的经历发生，除了祈祷自己有良好的基因之外，运动是最有效的预防途径之一。

研究显示，经常运动可以降低 20% 患高血压的概率，30% 患糖尿病的概率，以及 40% 患心脏病的概率。[①] 运动还可以预防记忆流失、老年痴呆症、帕金森等目前还没有治愈药物的疾病。如果成年人能每周完成 150 分钟的运动，那么死亡率和患心脏病的概率会分别降低 8% 和 6%；如果能每周完成 750 分钟以上的运动，相应的死亡率和心脏病的概率会降低 13% 和 9.5%。这些数据告诉我们，面对慢性疾病，唯有运动，才是最

---

① Lear, S. A., Hu, W., Rangarajan, S., Gasevic, D., Leong, D., Iqbal, R., ... & Rosengren, A. (2017). The effect of physical activity on mortality and cardiovascular disease in 130 000 people from 17 high-income, middle-income, and low-income countries: the PURE study. *The Lancet*, *390*(10113), 2643-2654.

好的“药物”。

运动还是节食？ 随着年龄增长，新陈代谢率降低，发福变成了很多中年人头疼的问题。很多人选择节食或者代餐等饮食调整方法。控制饮食固然重要，但是运动更有助于健康减脂。除了消耗热量，运动还可以增加整体基础新陈代谢率。长期锻炼的人，肌肉含量较高、脂肪较少，而肌肉每天消耗的能量是相同重量的脂肪的 3 倍。更让人“惊喜”的是，每次锻炼结束后，身体已经像一个发动起来的引擎，并不会马上停止燃烧热量，而会继续提高身体代谢率。最近的研究显示，如果你骑自行车 45 分钟，那么在停止运动后，身体的基础代谢率会持续增加 14 小时，额外消耗 37% 的热量。[①] 运动强度越大，运动时间越长，运动结束后继续燃烧的热量就越多。饮食控制虽然对控制体重有效果，但是对已经劳累不堪的中年人而言，一顿少吃容易，顿顿少吃很难。美食带来的幸福感如果被剥离或削弱，算不算另一个压力源呢？

运动是抗压法宝。 运动这个“良方”不仅仅是身体上的，也是精神上的。很多人在中年时才开始爱上运动，而且一发不可收拾。我的一位表哥已经四十多岁，最近几年爱上跑步。他工作非常繁忙，但在工作之余坐飞机到处跑马拉松，现在已经

---

① Knab, A. M., Shanely, R. A., Corbin, K. D., Jin, F., Sha, W., & Nieman, D. C. (2011). A 45-minute vigorous exercise bout increases metabolic rate for 14 hours. *Medicine and Science in Sports and Exercise*, 43(9), 1643–1648.

跑了三十多个了，还时常带着太太和7岁的女儿一起参加跑步比赛。我很好奇他为什么人到中年突然跑步上瘾。他如实告知：跑步带来的精神满足远大于运动本身的需要。

如果询问任何一个中年人的压力来源，都可能会得到一长串的答案。这些压力源加在一起，成了压在中年人身上沉沉的负担。减小压力的办法无非两个：降低压力源或者提高应对压力的能力。大多数压力源属于不可控因素，但增加我们应对压力的能力却有可操作性。运动就是一个很好的增加我们应对压力的能力的途径。比如，最普通的跑步就能带来非常愉悦的生理和心理体验。

跑步者高潮（Runner's High）是一种短暂的、深度放松的，极度喜悦或喜悦的状态。在这个过程中，跑步者感觉不到累或者疼痛，甚者察觉不到时间的流逝。跑步者高潮往往发生于跑步20分钟以后。其产生来源于大脑在运动过程中释放的内啡肽（endorphins）和内源性大麻素（endocannabinoids）。

运动提高力量和体能。这让我们的大脑在评估“当前身体资源是否足以应对压力”时做出更积极的评价。比如，当你上了一天班快要下班时，领导却说今晚需要加班赶一个材料。这

时候如果你的身体能量欠缺，累、疲劳、大脑运转不良，你的大脑就会评估这个任务“很难应对”，造成你压力突增。但是如果你经常运动、体力充沛、大脑仍可以良好运转，在这个时候，大脑就会得出“这个任务可以良好应对”的评估。压力也就不会显著增加。

运动治愈“拖延症”。我们每天都有一长串的“to-do list（任务完成清单）”。当需要做的事情越多，就越容易形成“拖延症”。原因之一就是当我们大脑评估任务难度比较大时，“去执行这个任务”的意识就会增加我们的压力和焦虑感。高焦虑感让我们不愿意去面对这个任务。内心的“逃避”是造成拖延的直接原因。

运动是怎样帮助拖延症患者的呢？当我们运动结束后，就会心情愉悦、精力充沛。这一系列的变化让我们对自己能力的评估显著提高，从而增加我们去执行难度较大的任务的动力。此外，完成运动本身就是一件“富有成就感”的事情。这样的“成就感”就像多米诺骨牌一样，也会激发我们继续完成其他任务的动力。所以，**运动后是一个非常好的完成工作和其他事情的契机。**换一个角度来说，当你打不起精神去开始工作时，不妨先去运动一会儿。

运动是一段高质量的独处时间。有些人喜欢在运动的时候和朋友社交，有些人喜欢把运动作为自己独处的时间。笔者曾做过一个研究，调查在美国的中国留学生参加运动的动机。其中有

一个很普遍的动机就是"给自己一段独处的时间"。[①] 留学生每天的学习生活都很繁忙，有一段属于自己的时间是对身体和心灵的放松。类似地，中年人每天也有很多工作和生活琐事要应对，缺少属于自己的时间。运动就给了我们这样一段不受外界太多干扰的，面对自己的时间和空间。你可以在运动中看电视、听书、想问题或者什么都不想，完全"放空"。无论怎样，运动就像是一块布，把一天中蒙在身体和心灵上的灰尘统统擦去。

练什么，练多少，怎么练

运动的好处这么多，到底要运动多少才可以达到这些效果呢？根据最新的运动指南，成年人的运动标准是：

心肺功能锻炼：累计一周 150—300 分钟中等强度锻炼，或者 75—150 分钟的高等强度锻炼。相当于 每次 30—60 分钟，一周 5 次的中等强度锻炼；或者每次 25—50 分钟，一周 3 次的高强度锻炼。

力量训练：每个肌肉群每周至少锻炼 2—3 次；每次 2—4 组，每组 8—12 次。每两次力量练习至少间隔 48 小时。

---

① Yan, Z., & Cardinal, B. J. (2013). Perception of physical activity participation of Chinese female graduate students: A case study. *Research Quarterly for Exercise and Sport, 84*(3), 384–396.

柔韧锻炼。发射性拉伸和动力式拉伸都可以。一周两次到三次，每个动作坚持20—30秒，直到有中等程度的不适感。每个动作重复2—4次（每个动作加起来要做到60秒）。柔韧练习前最好通过有氧运动或洗热水澡来热身。

神经功能锻炼，也叫功能锻炼。这类练习主要包括瑜伽、太极旨在增加身体的功能性和稳定性。一周两次到三次，每次20—30分钟。①

我们来解读以下几个概念：

心肺功能运动。就是让心跳加速的锻炼。心脏跟身体其他肌肉群一样需要通过锻炼来变得强壮。通过锻炼让心跳加速就是对心脏以及心血管系统最好的训练。强壮的心脏会更有效率地把氧气输送到全身、加速脂肪燃烧，长期坚持可降低心血管疾病的发病率。常见的心肺功能练习包括快走、跑步、各类球类运动、游泳。

中等强度的运动。主观上，中等运动强度需要你感到呼吸加速、身体发热或者出汗。客观上，中等强度的练习需要心跳速度达到你最大心率的50%—70%。常见的中等强度练习包括速走、慢跑、广场舞、低速游泳等。

高等强度的运动。相应地，高等强度运动会需要你喘气，

---

① U.S. Department of Health and Human Services. Physical Activity Guidelines for Americans, 2nd edition. Washington, DC: U.S. Department of Health and Human Services; 2018.

迅速出汗、说话困难。心率达到最大心率的70%—85%。比如，跑步、跳绳、中高速游泳。

小贴士：最大心率的计算

• 220−你的年龄=最大心率。比如，三十岁的个体的最大心率就是220−30=190（次）

• 中等强度的练习需要心率就需要达到每分钟95—133（次）（190×50%−190×70%）

• 高等强度的锻炼就需要达到133—161（次）每分钟（190×70%−190×85%）

需要注意的是，运动中心率过高有一定危险性。一般锻炼不要超过最大心率的85%。达到75%对于绝大多数人来说就是相当高强度的锻炼了。

小贴士：测量运动中的心率

第一步：终止运动；

第二步：用食指和中指放在颈动脉处找到脉搏（或用手指测量手腕脉搏）；

第三步：测量15秒钟的脉搏；

第四步：把结果乘以4就可以得到自己每分钟的运动

心率。

注意，很多运动手表，运动器材如跑步机和椭圆机也有测量的功能。但这类产品的精准度不如这里介绍的手动测量。

发射式柔韧练习：用动作惯性拉伸肌肉群或四肢。这是最常见的柔韧练习，如压腿、踢腿、伸展肩部。

动力式柔韧练习：通过完成一个完整的动作达到拉伸的目的，并且在重复动作过程中逐渐加大动作幅度，如绕肩运动；臀部划圈动作。动力式练习相对发射式练习没有太强的不适感，不容易拉伤，更适合中老年人。

达到运动标准的方法。根据上面的推荐，我们需要在一周中完成 5 天有氧运动，3 天力量练习，并配合柔韧和功能练习。这些运动加起来看似很多，其实排列组合一下并非不可能完成。比如，

排列组合一：

五天有氧中低强度有氧（慢跑 30 分钟）+ 每次有氧前后的柔韧练习 10 分钟 +3 天力量练习 20—30 分钟 +2 天神经功能锻炼 30 分钟。

排列组合二：

2—3 天高强度有氧（中高速跑步或游泳 30 分钟）+ 每次

前后柔韧练习 10 分钟 +2 天 20—30 分钟力量练习 + 神经功能练习。

你可以根据自己的情况合理设计类似的组合。这样下来每次练习时间都在一个半小时之内，且一周至少有两天时间不用锻炼，便于灵活安排时间。

任何计划的实现都需要提前安排和准备。比如，很多手机都有备忘录功能，可以提前设置每周运动的具体时间。除此之外，也可以设置和运动相关的其他提示功能。比如，在运动的头一天提示自己准备好运动所需要的衣物和跑鞋等；在运动的当天，提示自己出门携带运动装备等。或者，提前邀约你的朋友一起运动。当你把准备工作都一步步做好，运动计划就更可能实现。

如果每天没有完整的 1—1.5 个小时来运动，那么分段运动也是不错的选择。研究显示，**连续完成一个阶段的锻炼和分阶段完成锻炼的效果并没有显著的差异。**[①] 也就是说，一个小时的锻炼效果和 3 个 20 分钟的锻炼效果相当。比如，早上可以利用起床（或睡觉前）的 20 分钟做个瑜伽练习；上午或中午的工作间隙可以做一些伸展练习。有条件的，可以在办公室放置一对哑铃，休息的时间做一个简单的力量练习。下班后、晚饭后、睡觉前，都可以根据自己的情况再进行 20—30 分钟的有氧或者力量练习。

---

① DeBusk, R. F., Stenestrand, U., Sheehan, M., & Haskell, W. L. (1990). Training effects of long versus short bouts of exercise in healthy subjects. *The American Journal of Cardiology*, 65(15), 1010–1013.

选择适合自己的运动

在众多有氧运动中，应该选择哪一个？在时间和精力有限的情况下，怎样选择更适合自己的运动？不妨参照以下几个原则：

选择喜欢的。无论什么运动，如果不能坚持，其效果都是微乎其微的。坚持一项运动最重要的动力来源是兴趣。所以，无论你喜欢的运动是什么，无论其运动量大不大，都请先从它开始。

“查漏补缺”。根据前面的建议，我们首先需要做到有氧运动和无氧运动相结合。如果你平日做得最多的是有氧类运动，如跑步、游泳、羽毛球，那么在有氧运动前后，可以选择性地加入一些无氧运动。反之，如果你是健身房爱好者，那么也尽量间或加入一些有氧运动；柔韧类练习的时间比较短，可以添加在有氧和无氧运动前后作为热身和放松练习。柔韧练习是最简单和方便的运动：看电视时，睡觉前起床后，都可以做简单的柔韧练习。

尝试神经功能类练习。很多人从来没有尝试过瑜伽或者太极类练习，认为这类练习有没有太大运动量。其实这类运动可以很好地舒缓情绪，放松减压。如果你还是一个运动“菜鸟”，那么不妨让自己尝试一下神经功能类练习，可以帮助了解自己的身体和运动的兴趣。如果你已经是运动达人了，那么可以偶尔做这类运动来“换胃口”；或者作为运动强度比较大之后的

放松类练习。因为运动量相对小，神经功能类练习还可以作为在伤病期间的代替类练习。

摸索不同运动的生理和心理效应。不同运动对人的生理和心理效应是不一样的。比如，有些运动的生理效应比较高，也就是说运动的效率比较高。比如，游泳、跑步；有些运动的心理效应比较高，也就是说运动完心理的愉悦程度更大，如球类项目、瑜伽。每个人需要根据自己的需要选择适合自己的项目。不妨尝试不同的运动来摸索适合自己的生理和心理需要。

重视力量练习

很多人对力量练习有误解，认为只有需要“秀肌肉”的人才需要力量练习。其实力量练习对每一个人都很重要。研究显示，在 30 岁以后，我们会每十年流失 3%—5% 的肌肉，而取而代之的是一层层的脂肪。[①] 如果不加以锻炼，在你步入老年

① Goodpaster, B. H., Park, S. W., Harris, T. B., Kritchevsky, S. B., Nevitt, M., Schwartz, A. V., ... & Newman, A. B. (2006). The loss of skeletal muscle strength, mass, and quality in older adults: the health, aging and body composition study. *The Journals of Gerontology Series A: Biological Sciences and Medical Sciences, 61*(10), 1059–1064.

之后，你会失去大概 30% 的肌肉。

增加的脂肪不仅仅让我们的身体看起来松弛，更让我们的身体失去力量和体能。进入中年后，身体好比一个用了多年的手机，不管怎么充电，电量一会儿就耗完了。但是力量练习能阻止肌肉的流失，能让我们身体代谢氧气的能力增加，让“老手机”的蓄电量能力尽量保持。力量练习还有一个更大的好处：防止摔倒。摔跤已经成为中老年人的高致病，高致死因素，而预防摔跤的重要途径就是利用无氧运动增强肌肉。也许你还没有“老”到需要担心摔跤的程度，但是力量和平衡能力都不是一朝一夕能练成的，所以从现在开始练习一点也不早。

很多女性觉得力量练习会增加肌肉线条，显得“男性化”。这其实是一个误区。首先，明显的肌肉线条是在专业指导下通过长期的、大量的练习才能显现出来。普通人由于皮下脂肪比例较高，要想弄出明显的肌肉线条还真不是那么容易。其次，只要在力量练习时选择合适的重量，就更不会练出大块肌肉。

比如，一些女性不希望有太明显的肌肉体积或者线条，就应该选择重量稍微轻一点的哑铃。如果只能做到 10 个，就说明哑铃太重，需要减轻重量。相反，很多男性希望增加肌肉力量，就可以选择偏重的哑铃。如果一次性能做到 10 个以上，就说明哑铃偏轻，需要增加哑铃重量。当然，哑铃重量的选择需要根据自身状态经常调整。比如，经过一段时间的练习，原本只能做 8 个的重量现在可以做到十几个，这个时候就可以逐

渐加大哑铃的重量。

小贴士：哑铃或杠铃重量选择的原则

• 以增加肌肉力量为目的的练习：选择一次性能做 1—8 个左右的重量

• 以增加肌肉体积为目的的练习：选择一次性能做 5—15 个左右的重量

• 以增加肌肉耐力为目的的练习：选择一次性能做 15—20 个左右的重量

坚持"聊胜于无"的精神

我们时常会有这样的想法：反正没时间去健身房，索性就完全不运动。这种"破罐子破摔"的想法是运动的大忌。研究表明，所有运动的生理和心理效应都遵循"剂量反应"原则。[①]什么意思呢？就是 20 分钟的运动比 10 分钟的效果好，30 分钟比 20 分钟的效果好。总之在一定范围内，多锻炼 10 分钟就

① U.S. Department of Health and Human Services. Physical Activity Guidelines for Americans, 2nd edition. Washington, DC: U.S. Department of Health and Human Services; 2018.

有多10分钟的好处。所以如果做不到一周锻炼150分钟，那么就做100分钟，如果做不到100分钟，就从50分钟或者20分钟开始。依据这个原则，没时间去健身房，那么在家里简单健身，或者在生活中多走走路，多做做家务活动，都会产生相应的健康效益。

英文里有一个词“movement”，可以翻译为“移动”“活动”。在公共健康领域，很多时候我们使用“movement”而不是“exercise”（运动、锻炼）这个词，就是想给大众传递类似的一个信息：如果不能运动，那么就从移动开始。只要在动，就是健康的、有益的。

私教有没有用

对于有时间并且没有经济压力的人来说，私教当然可以帮助和指导你更好地运动。还有一部分人选择私教的原因是希望私教可以督促自己运动。一方面，有“花了这个钱，如果不去就是浪费”的心理压力；另一方面，有私教场上场下的指导，运动的积极性和能动性会有一定提高。

但私教绝对不是运动的必需品。哪怕你完全不具备运动或健身知识，都可以在资讯发达的互联网上找到基本的运动或健身方法和需要遵循的基本原则。这些方法和原则与私教传授的信息是大体一致的。私教可能让你运动得更有效率，但绝对没有能力让你一夜之间变成运动达人。所以，不要寄希望于私教可以“拯救”你。运动的收益终究是看自己的付出。到底需不需要请私教，需要你针对自己时间状况和收益综合考量。

同样的道理还适用于办理健身房会员。有人觉得如果办了健身房会员就会更加积极地去健身。但有调查显示，有 67% 健身房会员从来没有被使用过。[①] 所以，同样不要寄希望于办一张卡就可以让自己持之以恒。

没有时间运动怎么办

我有一个朋友不到 40 岁，最近被诊断出高血压。医生让她多运动。但她总是抱怨要上班，还有两个孩子要照顾，没有时间运动。这样的情况在双职工家庭中特别普遍，要找到专门运动的时间并不容易，这就需要我们更好地协调和安排。比如，她喜欢看电视剧，每晚都有一两个小时坐在电视机前。这段时间是可不可以用来一边追剧一边锻炼呢？很多时候“没时间”是一个很好的安慰自己的理由，让自己不会为没有运动而内疚。

① Is your gym membership a good investment? https://www.usatoday.com/story/money/personalfinance/2016/04/27/your-gym-membership-good-investment/82758866/

“没时间”其实有两个潜台词：第一，运动不是我现在的首要任务。第二，我没有“一整块儿”时间去运动。

先来看第一个。“我需要把时间用来做其他事情，而不是运动。”这当然可以理解，一个中年人的生活中当然有无数比运动重要的事情：上班不能迟到，接送孩子要按时，买菜做饭做家务，辅导孩子作业，都是必须要做的事情，运动必须要排在后面。我们好像很难从这些事情中“挤出时间”来再去运动。

但从另一个角度讲，一个星期有168个小时，如果把生活中“非常重要”的事情做减法。比如，工作40个小时，睡觉56个小时，辅导孩子作业15个小时，买菜做饭15个小时，把这些时间减去，你会发现无论如何还会剩下很多时间。这些时间只是在不知不觉中流逝了而已。而我们真正需要的只是168小时中的2.5个小时而已。谁没有这2.5个小时呢？

归根结底，大多数人不是“没有时间”的问题，而是还没有把运动放到重要到“必须要做”的位置上。

小贴士：如何应对“没时间”？

1. 拿一张纸，在左边写下你一天中所做的事情。比如，睡觉、上班、做饭、网购，再记下每件事情所花费的大概时间。

2. 再在右边把你“希望自己完成”的事情也写下来，如“运动 30 分钟”“看书 30 分钟”。

3. 算一算，一天 24 个小时减去左边的事情还有空余时间吗？如果有，把右侧你希望完成的事情移到左边去；如果没有了，那么就需要问自己，我愿意划掉左边什么事情给右边的事情腾出空位呢？是上网浏览吗？还是睡眠？还是社交？

4. 在做这个选择的时候，你需要思考这个清单中的哪些事情是你在中长期（如一年）所希望完成的目标。哪些事情是你会为自己完成它而满意或骄傲的？哪些事情是你认为浪费时间，希望可以减少的（如用手机上网）

5. 如果“运动”是你非常希望完成的，那么就把它圈出来，放在你“必须要做”的事情的前几位。

“如果你有时间上网，你就一定有时间运动”。

第二个：没有整块的时间运动。也许你能够认识到运动的重要性，但是每天忙起来，就没有时间或者动力去实施。这个问题就出在没有把长期的重要的事情合理分配到每天的短期任务中。怎样才能把运动“挤”进每天的时间表中呢？

利用碎片时间。前面提到一天三次，一次 10 分钟的运动效果跟一次 30 分钟的运动效果是一样的。那么应该怎样找到一天中的这些“10 分钟”呢？

最重要的一点：**让运动融入生活。**生活和运动并不需要是两个截然不同的部分。不是一定要在规定时间、规定场所完成的运动才叫运动。在繁忙的工作生活中，我们完全可以把运动“掰碎了”揉进一天的生活。

比如，看电视和锻炼两不误。我们每天花在电子产品上的时间远远高于我们的预期。估算一下你每天花在追剧上和手机上的时间，你就知道其实自己是“有时间”去锻炼的。那么不妨试一下一边追剧一边锻炼。比如，客厅里置放一个跑步机或者椭圆机，一边看电视一边运动，你会发现一个小时的慢跑或者快走很快就完成了。注意，用这个办法促进自己运动，一定要遵循一个原则：只能在运动的时候看电视，运动停止，电视就关掉。不然一边运动一边看电视还是没有躺着看电视舒服啊。

步行。你有没有估算过自己每天花多少时间开车？等车？找停车位？这些看似零散的时间加在一起可能吓你一大跳。如果能把其中一部分时间转化为步行，你一天的运动量会显著增加。在很多私车拥有量很高的国家，越来越多的多公共健康项目都倡导大众尽量乘坐公共交通、少开车。除了环保方面的考虑，更因为研究显示乘坐公共交通的人每天运动量更大，更有利于健康；如果你已经在使用公共交通系统，那么也可以尽量增加步行时间。我时常看到进出地铁的手扶电梯上挤满了人，而旁边的台阶却空空荡荡。有几次我和儿子

比赛，他乘坐手扶电梯，我走台阶，居然达到时间基本一致，而我的心跳和呼吸加快不少。如果上下班这样一进一出，运动量不可小视。

爬楼梯。你每天花多少时间等电梯呢？上班、回家、去商场等都要等电梯。差不多的时间，你爬楼可能已经到达目的地了。一个有趣的研究显示，6 层楼内爬楼梯一般情况下比乘电梯还快。[①] 爬楼梯是非常好的锻炼：相同时间，爬楼消耗的卡路里比慢跑高 60% 以上，是走路的 7 倍。爬楼梯时的心跳也会显著增高，属于高强度运动范畴。不只是上楼梯，下楼梯也是很好的锻炼，其锻炼的肌肉部位与上楼梯不同，同时还可以锻炼身体协调性。对女性而言，只要你感觉舒适，穿高跟鞋爬楼梯也不是问题，而且消耗的能量比穿平底鞋时更多。

利用健身手机软件（APP）。利用每日早晚 10 分钟的时间在家里跟着健身 APP 运动。有人担心 10 分钟运动量够吗？完全够。比如，现在流行的高强度间歇性训练（High-intensity Interval Training，简称 HIIT）。其练习原则是以大运动量练习某个动作 10—40 秒钟，然后休息 10—20 秒钟，循环不同动作。很多动作不需要任何器械）。每次练习的时间需要 10—20 分钟就可以达到很好的运动效果（做完准备热身

① Shah, S., O'Byrne, M., Wilson, M., & Wilson, T. (2011). Elevators or stairs?. *CMAJ*, *183*(18), E1353–E1355.

活动后）。由于其强度大，10 分钟消耗的热量可以相当于在跑步机上跑步 30 分钟。但需注意的是，参加这类的中高强度运动一定要循序渐进。

初学者如果觉得这类练习的强度太大，各类健身 APP 还提供瑜伽、力量、心肺功能等的练习，完全可以满足你的各种需要。这类软件还可以监控、追踪、发布自己的锻炼时间，设定自己的锻炼目标，还有一定的社交功能，朋友、网友间还可以相互促进监督，增加锻炼积极性。

家务。家务也算练习吗？当然算。千万不要低估做家务的锻炼效果：做家务的强度可高可低，持续时间可长可短。使用肌肉群不同，还可锻炼手眼协调，不耽误时间，甚至连衣服运动鞋都不需要。参看下面的家务对应的锻炼强度表。你可以对照参看走路和慢跑消耗的热量：1 个小时的走路消耗大概 120 卡，慢跑消耗的卡路里大概是 300 卡；强度较大的家务活动，如提东西上楼，擦地等的消耗比慢跑和走路更大。

家务对应的锻炼强度表[①]

30 分钟家务	消耗卡路里（卡）
和孩子玩	120—150

① 卡路里估算基于 125 磅体重个体。详细估算请参考：https://www.webmd.com/fitness-exercise/ss/slideshow-calories-burned-by-household-chores; https://captaincalculator.com/。

续表

30 分钟家务	消耗卡路里（卡）
洗车	135
整理床铺	187
洗碗	187
吸尘	99
煮饭	74
洗衣服 / 叠衣服	40—120
擦地（蹲 / 跪）	100
整理家具 / 搬动重物	105—210
园艺	120—140
遛狗	135—150

也有人认为做家务没有“正式”运动带来的成就感。但换一个角度讲，**如果你每天不得不做家务，与其做得很痛苦，还不如把家务当成运动的一部分**。此外，你也可以尝试通过用电子手表和手机软件等来测量做家务活动所消耗的步数、卡路里，甚至心率来增加在家务活动中的成就感。当你发现家务活动也可以带来不小运动量的时候，成就感和参加的动力也自然会提高。

另一个建议就是利用计步器，电子手表等设备监控每天的总体运动量。比如，设立一个每天 1 万步，或者运动 500 卡路里的目标。在能达到的基础上缓慢地增加目标的难度。还可以利用朋友圈或社交媒体的步数排行榜等激励自己达成目标，或者和朋友相约完成目标。注意设立的目标一定要切合自身条件，切不要一蹴而就地设立过难的目标。这样的目标不可持续，反而会伤害参与运动的积极性。

上面这些例子只是抛砖引玉。试试整理自己一天的时间安排，你一定可以把运动整合到生活中其他必要事情中去。除非你现在已经到了“我感觉我的股四头肌肉群有点薄弱，需要去健身房有针对性地训练一下”，你完全可以在健身房外，在生活中达到同样锻炼的效果。

运动习惯养成。我的研究生课程经常安排在晚上。不少学生因为白天一直要上班和上课，在晚上9点多下课后才有时间去健身房锻炼。我问他们为什么这么累了还能做到坚持锻炼。他们的回答往往是：习惯了。不管你是利用周末的整块时间，还是利用平时的碎片时间，最后都需要落实到同一个问题上：**习惯养成**。当运动变成习惯以后，完成就变得顺其自然了。哪怕你再忙、再没有时间，都不再把运动落下。行为科学的研究证实，任何事情，只要你能坚持6个月，这件事就会变成你的生活习惯。那么在培养自己的运动习惯时，可以参考以下建议。

第一，**写下运动计划**。不管是用笔写，还是在脑子里“写”，你必须明确至少下一周内你需要完成运动的具体计划。你准备星期几、在什么时间段、通过做什么去完成运动计划？做这件事情的时候就需要你迅速在脑海里扫描一周的大致安排，想好

把运动安排在什么时间最合适，最有可能完成。这个计划要尽量详细，明确具体的时间，地点和内容。

第二，**促进自信心**。在列出这个计划后，衡量自己有多大把握完成这个计划。比如，1是完全没有把握，10是非常有把握。如果给自己的分数低于7，就要想一想有什么方法或者需要什么帮助可以让自己的信心指数提升到8或者9？比如，如果我能提前完成一天的工作，那么我们就有信心下班后锻炼。下一步，那么有什么方法可以让自己提前完成工作呢？需要把午餐时间缩短还是早上提前开始工作？还是运动后给自己一个奖励？每个人的困难不一样，解决的办法也不一样。但如果你能思考和回答自己给自己提的这些问题，你就给自己构建了一个更强大的支持系统，为自己完成运动目标扫清了障碍。

第三，**灵活变通，保持习惯连续性**。如果临时有事或者身体不适，不能运动怎么办呢？这就需要我们有个替补方案。比如，我给自己安排的是每周二、四下午去跑步，但是有时候与工作冲突去不了，那么我的备案就是晚上出去增加散步的时间或者在椭圆机上走一走；如果天气不好不能去室外运动，那么我就在家里做一些腰腹部的练习。如果某天实在没有精力和动力，那我就带着孩子们和狗一起在家疯玩一会。哪怕这个替补方案的运动量小一些，但它提供了一个心理上的暗示：就算自己忙起来，也依然可以完成自己安排的运动。尽量不要破坏习惯养成的连续性。

第四，**积极的心理暗示。**很多人都会犯“忙起来就忘了”的错误。想要避免这个错误，就需要时常提醒自己。除了在手机上设立“备忘录”这样的方式，更需要在心里给自己积极的自我暗示。比如，睡觉前可以想想第二天的运动安排，想象自己完成运动后愉悦的心情等。这样可以让你对即将到来的运动更充满期待。

第五，**寻求“社会支持”。**心理学的研究显示，如果个人可以结伴或结群，行为将更容易发生。[①]很多行为改变的方法都利用了这个原理，如戒酒，戒毒人群就有相互支持小组。大家或见面或在网上互相倾诉或寻求支持。运动也一样，如果你能和朋友相约一起运动，或者把运动和社交相结合，那么坚持下来的可能性会大大提高。一个简单的办法就是和朋友相约，一起在某个时间做同样的运动。比如，某位明星在家里直播跳操，其播放量达到了惊人的上百万，一时间，很多人每晚都跟朋友相约跟这位明星一起跳操运动。除了运动的需要，这其实也反映了大家通过一起在线上参与运动获取群体归属感的需求。虽然在线下运动

---

① Uchino, B. N., Bowen, K., Kent de Grey, R., Mikel, J., & Fisher, E. B. (2018). Social support and physical health: Models, mechanisms, and opportunities. In *Principles and Concepts of Behavioral Medicine* (pp. 341–372). Springer, New York, NY.

效果更好，但类似的方式仍然可以用来促进和朋友的联系和激励自己参与运动。

小贴士：提高运动自信心

1. 写下这一周的具体锻炼计划，其中需要包含的要素有具体的时间、地点、锻炼的内容。

____

____

2. 预估自己完成这个计划的信心指数（“1”为完全没有信心——“10”为十分有信心）。

1　2　3　4　5　6　7　8　9　10

3. 如果信心区间在7—8，列出1—2个可以帮助自己增强信心的条件（如头一天晚上早睡，请伴侣接孩子，提前完成工作）。

a.______________________________

b.______________________________

4. 如果信心低于7，请重新制订一个更有信心完成的计划，并重复第3步。

5. 列出一个如果计划不能按时完成时的备选计划：

____

没有动力运动怎么办

运动行为的研究发现，成年人参加运动的最大障碍之一是“没有动力”。“没有动力”是一个非常模糊的概念，并没有单一的解决方案。

我有一位女性朋友常抱怨工作太忙，没时间运动。但他先生的工作也挺忙，也要带孩子分担家务。他只能在晚上孩子睡觉以后在跑步机上跑步一个小时。我建议她和先生在晚上一起跑步。她却总抱怨忙了一天了，晚上孩子睡了，只想躺着上网。

她的运动动力就显然不足。即使有运动的意愿，也只在脑海里一闪而过，瞬间就败给了其他事情。更进一步分析，可能是因为她体力和精力的欠缺、缺少运动的快乐感、缺少运动的成就感，甚至忘记了。这就需要针对性地强化自己的运动动力。

小贴士：小操作提高运动动力

即使时常运动的人也会时不时觉得缺乏运动的动力。这时候不妨尝试一些小的调整来激发自己运动的动力

- 在家穿上喜欢的运动服装和鞋
- 在家里播放节奏感强的动感的背景音乐
- 出门快走一段路
- 躺着或坐着时做一些简单拉伸

- 上网浏览一下还没有尝试过的运动视频
- 闭眼冥想自己运动的样子或者运动完成后的成就感

在这样一些调整后，你也许会觉得更有运动的劲儿了。这个时候要趁热打铁，马上开始今天的运动计划

一运动就累。很多人抱怨“我一运动就累，不喜欢运动”。真的有人天生就不怕累，有人天生一运动就累得很吗？在这个问题上，恐怕个体的经历要比基因的差异重要很多。很多人觉得运动太累，没有愉悦感的原因之一其实是运动太少，身体对运动产生的变化不能适应。长期运动比较少的人，对运动的感觉基本是停留在肢体和肌肉上的。刚运动几分钟，达到了一点运动量，呼吸心跳一加快，就感觉“累”，身体就会自我保护，产生终止运动的想法。“累”的感觉来源于对呼吸心跳的变化的不习惯、不适应。简单来说，**就是因为平时运动太少，身体和大脑对这种身体变化有陌生感。**身体不习惯这样的感觉，满脑子都是“累”的感觉，精神就处于疲惫和紧张中，内分泌系统也没有兴奋起来，更不可能促进多巴胺的分泌。所以，对运动很少的人来说，运动不“爽”，是因为运动次数太少、持续时间太短，多巴胺还没有来得及分泌，身体还没来得及感受运动带来的快感，运动就终止了。

对经常运动的人而言，身体和大脑都习惯了呼吸和心跳的加快，也能克服身体本能的自我保护。在这种状态中，精神处于兴奋且放松的状态，个体就更能察觉身体和精神在运动中的变化。运动持续一段时间后，内分泌系统也会兴奋起来，多巴胺分泌会消除疲惫感，带来持续的快感，并在这种状态中逐渐发现自己身体能达到的更高或者更快更强的体验。这种体验是大多数人能坚持运动的巨大驱动力。

这就是为什么有人“谈跑色变”，有人却非常喜欢跑步，甚至上瘾。一运动就觉得“累”的人该怎么办呢？除了选择自己有兴趣、有趣味的运动项目，更重要的是要“循序渐进”。从低运动量开始，慢慢增加身体的耐受能力，感受、接受、最后到享受“累”的感觉。享受身体发热、出汗甚至气喘吁吁的感觉，继以期盼完成挑战后带来的“成就感”和“满足感”。这就是很多人说的“爽”的感觉。当然，这个过程绝对不是几天就能达成的。不妨给自己几个月的时间。如果能坚持下来，就更有可能逐渐喜欢上这样“累”的感觉。此外，你可以从主观意愿上调节自己的心态，试着把运动看成一种需要去挑战的目标，并且去体会完成目标带来的满足的感觉。慢慢地，你会体会到“爽”的感觉。

我的另一位朋友，之前从来没有参加过系统性的运动。后来她决定开始练习跑步。她每天在朋友圈打卡，一开始，一天只能跑 3 公里，慢慢到 5 公里、10 公里，越跑越兴奋、越跑

越有自信，最后开始每天跑 10—20 公里。当然，这么高的强度很可能造成伤病，并不需要每一个人做到。抛开这一点，我见证了她从跑步“小白鼠”变成一个跑步达人。就在几个月前，她完成了连续 2 天完成 2 个马拉松。这一“壮举”还上了镇上的小报。

尝试“爱”上运动。喜欢一件事情才是坚持下去最持久的动力；如果你对运动多一分喜欢，那么运动的动力自然就会更强烈。

什么是“喜欢”？喜欢的本质原因是它带给了我们某种愉快的感受。这种愉快的感受既是客观的，也是主观的。客观上，运动产生的神经递质多巴胺是会使人感到愉悦的，喜欢运动的人可能对多巴胺带来的愉悦感更敏感；而对多巴胺不那么敏感的人就更难体会运动带来的愉悦感；那么怎样才能让我们能更好地体会这种愉悦感呢？这就需要我们从主观上去积极调节：

- **放下思想包袱。**运动的时候不要还惦记着工作中和生活中的烦心事。这些事情会占据你注意力的资源，屏蔽运动带来的愉悦感。可以选一个“时刻”提示自己清空当前的压力和烦心事。比如，在换好运动鞋那一刻，就把烦恼放在身后；
- **减少分心因素。**本来运动时看看电视并没有什么问题，还会让时间过得更快；但是，如果你想更好地体会运动中身体和心理的变化，不妨试试几次运动时不看电子屏幕、不聊天，全身心地去感受运动中呼吸的加速，身体的舒展，还有心情的变化。

- **记录前后心情的变化。**可以记录运动前后的心情，也可以记录每一天总体的心情。比如，在睡前记录自己一天总体的心情。记录可以用文字，但最好用数字。比如，1 代表心情很差，5 代表很好。记录一段时间后，再对比一下情绪是不是有提高的趋势。或者在有运动的日子里情绪水平有没有高于没有运动的时间。这样的记录可以帮助你更好的衡量运动对自己情绪的帮助。
- **从旁观者的角度体会身体状态的变化。**有很多人一运动就感觉累，主观上马上就对这样的身体感觉进行了很消极的评价。所以运动的感受和坚持性就会比较差。这时候不妨从旁观者的角度，不带感情色彩地去体会运动中和运动后的感受。比如，尝试去观察身体在运动中的变化，出汗了吗？呼吸加速了吗？腿部变酸了吗？这样的“酸”是怎样的感觉？能承受多少时间？下次再运动的时候，这样的感受是否有变化？ 在之前的基础上，对这样酸痛的感觉承受时间可以变长吗？在这样的尝试下，你会慢慢体会到身体对运动的“不适”的承受力会慢慢变强，甚至会开始喜欢上这样的感觉。
- **打破思维定式。**运动种类繁多，不喜欢运动有可能是你还没有遇到适合你的那款。人在变化，运动的花样在翻新。在不同的年龄、不同环境下，选择不同的运动都会带来不一样的感受。所以，打破这一思维定式的方法之一就是要抱着开放的心态去尝试不同的运动项目。你对自己的运动能力是不是认识有误？在你没有尝试一个运动项目之前不妨不要对自己下结论。现在可以选择的运动种类非常多，自己会喜欢哪一个，不妨多试几次再下结论。

小贴士：尝试新的运动方式，打破思维定式

- 尝试一条家附近从没试过的骑车路线
- 请那些玩潮流运动如飞盘、攀岩的朋友下次叫上自己
- 打电话或网上查询附近健身房有哪些自己没有尝试过的课程，询问是否有免费试课
- 在视频网站搜索浏览量高的运动视频，尝试几次没有试过的练习
- 把周末和朋友的饭局换成一起打保龄球、攀岩或者徒步
- 步行或骑车去办事/或者去附近一个想去还没有去过的地方
- 和朋友相约一起网上跳健身操/舞蹈

第 11 章

让全家人动起来

近年来，随着电子产品的普及，越来越多的家庭把大量的周末时间都用在了电子产品上。常常是一人一个手机或者平板电脑，玩游戏，上网等。合理地使用电子产品可以是很好的娱乐项目，也可以帮助孩子和自己了解时事，与外界沟通。但是，国内外都有大量研究证明，成年人和青少年的上网时间过多，反而会引起焦虑和抑郁的情绪。

最近一项基于我国南方一城市中学的调查表明，在新型冠状病毒感染期间，除去上网课的时间，青少年每天使用电子产品时间越长，其负面情绪越高，并越容易和父母产生冲突。有意思的是，研究同时发现，青少年参与运动的时间越多，其负面情绪越少，和父母的冲突越少。[①] 所以增加运动的时间，不仅可以促进心理健康，也可以间接减少全家人使用电子屏幕的时间，促进全家身体和心理健康。

其实抛开这些功利性的好处，运动更重要的意义难道不是提供了家长陪伴和参与孩子成长的机会吗？和孩子一起运动或送孩子参加训练、比赛、为孩子欢呼加油、和孩子一起讨论技术动作、一起面对失利和挫折，这些经历让家长真正可以参与到孩子的成长中，也让亲子关系更加紧密。很多家长抱怨和孩

① Xiao, S., Yan, Z., & Zhao, L. (2021). Physical activity, screen time, and mood disturbance among Chinese adolescents during COVID-19. *Journal of Psychosocial Nursing and Mental Health Services*, 59(4), 14–20.

子没话说，很难参与到孩子感兴趣的话题中，而运动往往是孩子最愿意讨论的话题。当家长能真正参与到孩子的兴趣生活中，哪里还愁没有和孩子足够沟通的话题呢？

最好的陪伴是参与

合理利用时间，和孩子一起运动。一方面，不少家长花了很多时间陪孩子上运动兴趣班；另一方面，很多家长又抱怨自己没有时间去运动。那何不把陪孩子运动和自己运动结合起来呢？送孩子去游泳的时候家长可不可以自己也办一个卡在成人区游；孩子如果在体育馆练习某一个项目，可不可以利用场馆的设施自己也运动。比如，孩子练习网球，家长就在健身房跑步。哪怕孩子学习的地方是在商场，家长也可以利用这个机会快走，达到一天的基本步行数。

在我家孩子们训练的时候，他们练习游泳一次就半个小时或者 40 分钟，等一等也不算麻烦。后来他们训练时间越来越长，需要快 2 个小时，而且不能在室内等。这么长的时间，坐在车上等也难受，天冷的时候还得发动车的暖气，很不环保。索性我就在游泳馆外跑步，再做一些拉伸，或者和其他妈妈相约边走边聊，时间很快就到了。不仅等着没那么难熬，自己也运动了，可谓“一箭双雕”。

一些家长认为这样的设想太没有安全感了，自己需要时时刻

刻“守”着孩子才能清楚了解教练教了些什么，才好在课后指导孩子练习。这样的想法和出发点当然没问题，但还有一个更好的可以“指导”孩子练习的办法，就是和孩子一起学习。把自己从一个“旁观者”变成“参与者”，和孩子一起练习、一起进步。

我的一位朋友，在孩子很小的时候就送他们去滑雪。滑雪往往要花上一整天的时间，她就在雪具出租的地方等着孩子们。我问她为什么不和孩子一起学，她说太难了，她等着就好。后来室内等待室因故关闭了，室外天寒地冻，她几乎是“被迫”开始和孩子一起学习滑雪。这一滑不要紧，居然很快就上瘾了。不仅每周都去，还和孩子们一起讨论技术动作，买什么样的滑雪用品。有了妈妈一起参与，孩子滑雪的积极性更高了。

在课堂外，家长也可以积极参与到孩子的练习中。敦促孩子学习不如和孩子一起学习。如果孩子在学习篮球就可以和孩子一起练习拍球、运球。大多数运动的参与起点都比较低，家长不需要自身有很高的水平才能和孩子一起参与。在参与的过程中，家长把自己的学习和练习过程中的体会和孩子分享。慢慢地，孩子也会愿意把自己的想法和感受分享出来。这样的“陪伴”才是高质量的陪伴；这样互动下形成的亲子关系，才是高质量的亲子关系。

我虽然喜欢各种运动，但对足球属于只会看，不会踢。因为儿子开始学习足球，很多时候我和女儿会被先生和儿子拉去“充数”陪他们踢。因为我属于零起点，所以还会时不时向儿子“请教”，“唉，这个传球应该是用脚弓还是脚背？”“你这个晃人真不错，教教我吧？”正因为有我这样低水平的向他学习，儿子在练习的过程中才有更多成就感和更大的动力去进步。

如果你因为各种原因不能和孩子一起参与运动练习，那么还做一个“高质量”的观众。什么是高质量的观众？第一，了解比赛规则，能和孩子一起讨论技战术动作。不需要家长有多高的水平，但是父母对项目的基本了解对孩子来说就是无形的支持、认可和鼓励，能激励孩子更努力地练习和提高。比如，如果一个略懂足球的家长能在孩子进球后说出这个球进得精不精彩，就比只能喊“孩子好棒”“孩子加油”的家长更能得到孩子的认可。

第二，尽量参与孩子每一场重要的比赛。除了加油助威，父母更是孩子的定心针——父母在，孩子心里踏实。我从小练习田径，参加过很多比赛。但是父母因为工作原因很多时候不能到场。但至今我仍然清晰地记得在他们能到场的几次比赛时的画面，这给了我极大的心理支持。我的美国同事常开玩笑说，上班最好的请假理由就是“要去观看孩子的体育比赛”。因为这在美国文化环境下被默认是一个非常重要的事情。

运动，另一种休息方式

我们对这一幕也许十分熟悉：在一天的工作学习结束后，家长和孩子都喜欢各自拿出自己的手机、平板电脑等，靠在沙发上通过上网玩游戏等来放松自己。这样的方式固然可以理解，但还有一个更有效率的“休息”方式，就是运动。

运动也可以是一种“休息”吗？当然可以。大多数人白天的工作和学习一般都是脑力劳动，相应的疲惫感更多地来自大脑，而不是身体。这个时候我们最需要的是让大脑休息和放松，同时让身体兴奋起来。虽然上网或者玩游戏会让你感觉在休息，其实你的大脑依然兴奋，而身体依然在休眠。这个时候，最需要的反而是运动。在强度适中的运动后，你不但不会有疲劳感，反而会觉得精力更充沛，心情更舒畅。所以，与其各自抱着手机电脑，不如一家人一起利用运动来达到恢复体力放松大脑的目的。

饭后散步就能很好地达到这样的目的。吃完晚饭后，如果完全不运动，那么饭后的一个小时里，血糖升高、困意绵绵，孩子注意力也不集中，无法专注做其他的学习活动。这个时候，出门走一走不但能帮助食物消化，也可以舒缓身体，让大脑充分休息。当然，这个散步活动也可以被替换成任何适合自己家庭情况的活动。

我生活的地区十分寒冷，在气温太低无法散步时，我就和孩子们在家里一起跳“广场舞”。其实也不算是舞，就是打开音乐，大家跟着音乐活动筋骨而已。对我而言，跟着音乐活动不仅可以愉快心情，也达到了锻炼的目的，还免去要“陪孩子”的苦恼；对于小孩子来讲，跳舞的动作对不对并不重要，只要有音乐，他们怎么活动都可以。一起蹦跳了半个小时后，他们精力耗得差不多，大脑又比较兴奋，这个时候我们再一起坐下来，做手工、下棋，学习效果都很好。

孩子的创意时常比家长更多。有一天，孩子们发现家里的一个带轮子的两层储物架是很好的玩具：他们把储物架清空，趴在地上，把双腿搭进储物架的第一层，双手开始向前滑行。这个动作实在太好笑、太有趣了，不仅他们自己一边玩一边笑，我也觉得有意思，就跟着他们一起玩起来。让孩子做主导，父母做个“跟班”，玩孩子们决定的游戏，也很有乐趣。

一起运动，哪怕只是散步，也是联系一家人的纽带。

利用好周末

独乐乐不如众乐乐；一人运动，不如全家一起去运动。可是孩子要上学、上各种补习班、兴趣班，家长要上班，还要料理家务。这一切都把平日的生活挤得满满的，就需要我们利用起周末的时间。

不妨在各种运动中找到适合自己家庭的一项或者几项。比如，在国外，周末最流行的适合全家人参与的运动就数徒步了。徒步可快可慢，难度可高可低，还能带上自家宠物一起参与，是老少皆宜的运动。根据孩子的不同年龄，可以有不一样的安排。在我家孩子 3 岁之前，他们几乎走不了山路，我们就会用一种可以固定幼儿的登山背包带着他们爬山。虽然对孩子们而言运动量不大，但是在大自然里观察各种植物、野生动物等，孩子们也兴趣盎然，并培养了他们参与户外活动的爱好。

小贴士：带孩子登山的准备工作

- 出发前查询当地的天气情况，规划路线
- 带孩子爬山的速度会比较慢，预留足够时间，避免夜间进行
- 如果有步行能力不足的幼儿，准备可以背孩子的专用登山包

- 为孩子选择舒适的登山鞋
- 额外的衣物以防气温的突然变化
- 雨衣是很好的选择，不仅可以防雨，也可以防风
- 足够的食物和水
- 准备一些孩子喜欢的健康零食

孩子们用身体探索山林，对自己身体的能力和大自然有了新的认识。

在 3 岁以后，孩子们就可以跟着我们去四处爬山了。除

了选择适合孩子年龄的路线，在爬山的过程中家长也需要用不同的方法让爬山变得更为有趣：比如一起唱歌、聊天、讲故事。在爬山的过程中也要用不同的方法鼓励孩子：除了语言鼓励，我们也会利用自然界的各种条件引领他们观察，和他们做游戏。比如，夏秋的山里全是各种蘑菇，在看到一种蘑菇后，我们会停下来和孩子们一起观察，并鼓励他们继续行走探索发现不同品种的蘑菇；又如，很多时候山里有小溪，天气炎热的时候我们会一起玩水，如果水温不太高，我们也发明了其他的玩法，如用树叶做一个小船，看看谁的小船漂得更快更远。

小贴士：爬山也可以寓教于乐

随着孩子年龄增长和知识量的增加，他们对自然界的探索欲也在增强。家长可以利用好这样的契机，把运动和培养孩子的好奇心与科学素养结合起来。在爬山或户外活动中，可以尝试：

- 辨识常见的树木和花草
- 观察和辨识不同的鸟类
- 寻找和辨识蘑菇。因为其形状可爱、颜色丰富，小朋友很喜欢在大自然中搜寻蘑菇。家长可以鼓励孩子探寻不同种类的蘑菇，拍照记录等。但请一定注意不要随意采食

- 引导观察气象的变化。比如，云朵的种类与性状
- 探讨野外生存的基本知识。比如，生火、如何寻找紧急庇护所等
- 引导孩子观察一座山在一年不同季节中动植物种类气候等变化
- 收集树叶等标本，回家后用于做手工，写作文的素材等

孩子会在探索大自然这个过程中产生很多问题。家长面对这样的“十万个为什么”不必焦虑，也不需要有压力去解答每一个问题。只需要肯定孩子问题的价值，引导他们自己回家后在书本或网络上寻找答案。我每次会跟孩子说：“这个问题有意思，可是妈妈也不知道答案，你回去查询后告诉我好吗？”孩子带着要“教”妈妈的想法，对探索答案的过程就更有兴趣了。

如果在城市没有机会近距离接触大自然，也可以选择各类公园，步行道等。比如，一般的公园也可以徒步，划船等；孩子可以骑车、轮滑，大人可以跑步、快走；在小区里，家人也可以一起打乒乓球、羽毛球等，也是身心很好的休整。

最重要的是避免把运动和竞技类活动画等号。运动不一定

要“正式”，或者一定在运动场馆完成。只要一家人一起走出家门，任何活动都可以是休闲的方式。更不能把运动当成全家人要做的“任务”。平日任务已经太满，做起来很有压力。把运动当成一个放松身心的娱乐活动，那完成起来就会轻松许多。谁不喜欢玩呢？

利用室内的时间和空间

每天用一部分在家里的时间参与运动，这样不仅可以保证我们的身心健康，也可以丰富家庭生活。室内运动受到的最大限制就是场地，特别是有氧运动，如跑步、打球这类活动。怎样在有限的场地参与有氧活动呢？除了在前面章节讲到的可以和孩子一起做的活动和游戏，在家庭场地可以允许的范围内，可以考虑购买跑步机、椭圆机、划船机等相关器材。这些器材选择一个最适合的就足够了。

如果场地不允许，还有非常多室内有氧运动可以选择。一套中高强度的间歇性训练只需要不到 2 平方米的场地，训练时间一般在 20 分钟之内，但其运动的效率超过跑步、游泳。这些有氧运动种类繁多，而现在五花八门的运动 APP 都可以满足一般人的需求。另外一些运动，如瑜伽、太极，本身对场地的要求比较小，也适合在室内进行。在室内锻炼的时候需要注意保持室内通风，选择合适的运动鞋，确保运动场地和环境安全。

近年来，很多体感游戏（Motion Sensing Games）和虚拟现实游戏（Virtual Reality Games）因为需要全身协调和创造出身临其境的感受受到越来越多的欢迎。研究显示，此类游戏的运动强度可以达到甚至超过传统运动的强度，特别适合超重或者肥胖的孩子和成年人。[①] 运动强度比较大的体感类游戏包括：舞蹈类、健身环类、拳击类、球类。

体感游戏也适合成年人。除了健身，其社交功能也能让你和家人、朋友，甚至陌生人通过此类游戏一起运动。其核心理念和创新就是让你和其他人哪怕天各一方，也能在屏幕前创造出“在一个空间内一起运动，一起完成任务”的心理感受。如果有条件购买一套适合自己和家人的体感类游戏，可以辅助达到运动目的。

---

① Polechoński, J., Nierwińska, K., Kalita, B., & Wodarski, P. (2020). Can physical activity in immersive virtual reality be attractive and have sufficient intensity to meet health recommendations for obese children? A pilot study. International Journal of Environmental Research and Public Health, 17(21), 8051.

小贴士：玩体感游戏的注意事项

- 环境安全。确保有足够移动，不会磕碰到身体的空间
- 注意时间。跟其他电子游戏一样，过长时间会影响视力及心理健康；最好把每次时间控制在30分钟以内
- 如果孩子参与，注意游戏内容适合未成年人
- 可以把画面投射到电视上方便家长监控游戏内容及缓解视力压力
- 仔细阅读产品说明书。比如，一些耳机产品标注不适合低龄儿童

让孩子也陪陪家长

我们时常把生活中的事情分得太清楚，似乎陪伴孩子就是得以孩子为中心，做到百分之百地心无旁骛。但偶尔也可以转变思维，为什么一定要家长陪孩子，不能让孩子也陪陪家长呢？

我和先生平日里都上班，只有周末有时间可以一起去健身房。恰好健身房有“幼儿托管”这个服务，每天可以在你运动时免费照看孩子2个小时。我和先生就利用这个福利去运动。让孩子每周花1个多小时陪我们，是家长对自己辛苦一周的奖励，也是一个让孩子感受“自己不会随时都是家庭中心”“爸爸妈妈也需要时间照顾自己”的好机会。同时，也借此机会让孩子了解运动很重要：每次他们都会问为什么要去健身房，我们就会跟他们讲，为什么爸爸妈妈需要用这个短短的时间去照顾自己的身体和情绪。

如果健身房不提供这样的服务，也可以发散思维，创造条件。比如，雇临时保姆，请祖父母、好朋友帮忙。或者在确保环境安全的情况下，父母自己运动时，让孩子在旁边观看。每次运动结束后，也不要忘记感谢孩子：谢谢你配合妈妈。妈妈现在精力更好了，可以陪你玩了。当我们给自己独处的运动时间时，也是给了孩子一个“照顾”父母的机会。

另一半儿是把“双刃剑”

这几年我先生一直尝试运动减肥。他工作忙，早上没时间，晚上下班又累得不想锻炼。前一阵子，他决定要早起1个小时去游泳。那几天，清晨6点不到他就起床收拾去健身房。本来这是一件很值得鼓励和支持的事情，但是因为我平时要睡到8点左右，而且睡眠很浅。他一起床，我就再也睡不着了。缺了一两个小时的睡眠对我白天工作效率影响很大，所以我就“抗议”他的早起行为，让他换个时间运动。在这样的“抗议”之下，他早起运动的习惯坚持了一段时间就不得不终止了。从此

以后，他都责怪我是他减肥路上的“绊脚石”。

另一半怎样才能不成为“猪队友”，还能促进和鼓励伴侣的运动行为呢？除了相互协调好时间，互相促进也十分重要。我曾经试图说服先生利用孩子睡觉后的时间在家运动，他总是满口答应，却总是没有行动。后来，我见“嘴皮子”功夫已经没有用，就改变了我的策略：孩子睡着后，我就换上衣服，自己在客厅跟着运动 APP 运动起来。他看着我练，自己也坐不住了，就主动参与进来。类似地，我先生开始游泳一段时间后，我也慢慢有了“不甘落后”的压力，开始跟着他一起利用周末的时间去游泳。所以，“榜样力量”或者“同伴压力”在夫妻中是非常强大的。如果你需要你的另一半多运动，或者自己想要多运动，一定要利用这个力量：**如果对方不能成为你的榜样，不妨让你先成为对方的榜样。**

让伴侣支持自己运动的另一个方法是让对方意识到运动对整个家庭的好处。比如，运动了身体更好、少生病、少给家人添麻烦；精力更好，承担家务也会更多；情绪更好，更少跟对方拌嘴；运动了身材更好，看着更顺眼。这几条对任何一个伴侣都是很有吸引力的。最后，不要忘记在伴侣承担了更多家务活动，让自己有了更多时间运动后表示真诚的感谢。所以，不妨从这几个角度沟通，从对方的立场和角度出发寻求对方的支持和理解。

小贴士：鼓励伴侣参与运动

- 自己运动时邀请对方一起参与
- 赠送对方运动的衣服和器材等小礼物
- 询问对方有什么感兴趣的活动可以一起做
- 如果不能一起运动，和对方协调好运动的时间
- 在对方的强项上，请教其运动的技巧和提高运动技能的方法
- 时常感谢对方支持自己锻炼
- 时常赞美对方在运动后身材和气质的变化

让运动成为家庭生活的延续

在我生活的地区，冬天特别漫长，所以滑雪就成了为数不多的冬季运动。我的同事们几乎都会送孩子去学滑雪。我曾经和他们讨论让孩子滑雪的“好处”，答案几乎是一致的：除了滑雪能让漫长的冬天不那么难熬，更重要的是滑雪是一项家庭运动：只有孩子学会了，才可以参与到父母和兄弟姐妹的集体活动中去。孩子也往往因此会对学滑雪的积极性特别高：因为谁都不想被排除在家庭集体活动之外。在冬季的假期之中，一家人在滑雪场附近住几天，白天一起滑雪，晚上回来一起泡泡

桑拿，很是惬意。

一项全家可以参与的运动让父母和孩子一直有“共同语言”。

我的一位同事，一家人的兴趣爱好是爬山。就算现在女儿在外地工作，也会每隔几个月和女儿一家飞到一个地方，爬几天山。多么好的一个家庭活动啊。如果没有这样一个共同的兴趣爱好，他们和天各一方的女儿必定少了很多相聚的乐趣和动力吧。

很多父母往往在子女成年以后缺少“共同语言”，就算逢年过节聚在一起也多半是吃吃喝喝，老人们忙着做饭，孩子们忙着玩手机。这样的相聚如果能有几项一家人一起参与的活动或者运动，是不是也会更有意义呢？选择什么运动不重要，重要的是培养孩子从小有一项能参与到家庭活动中的习惯和积极性。

小贴士：增加一家人的运动时间

- 家长要尝试和体验孩子的运动项目
- 和家人一起制定每天“全家放下电子产品”的时间表，用这个时间一起参与身体活动或者游戏
- 选择一个适合全家的运动，大家一起练习、进步、比赛
- 邀约身边朋友一起参与运动活动，几家人建立运动“圈子”
- 把“吃”的聚会变成“玩”的聚会，如骑车、爬山、野营、玩飞盘等
- 打卡居住地的户外公园，和家人制定“亲近自然日”

结束语

在决定写这本书前，我本来只是计划在自己的公众号上写几篇和运动相关的文章。没想到一提起笔就收不住，便有了出书的想法。现在这本书终于一气呵成，算是把想说的都按条理说清楚了。发现虽有千言万语，最后谈的无非两点：运动有什么样的好处以及我们怎么去培养孩子以及自己的运动能力和动力。

一时间觉得给公众传递这样的信息真是有些功利。我们似乎是为了得到这些所谓的“好处”才去做这件事情。似乎如果这些好处没有了，我们也就不再需要去运动了。

其实，运动不需要那么功利。我们从更宏观的角度来看，人类的发展和进化史也是运动（身体活动）的发展史。运动曾经是人类生存的必需品——比如，我们的祖先需要在山间或平原穿行去追逐猎物，因此练就了强壮的肌肉和持久的耐力。在

农耕社会，每个家庭和部落都要靠大量的劳动才能生产足够的粮食和农产品，以求生存。我们的身体也在长时间的进化中适应了这样的环境要求：我们的一日三餐是为了满足大量的体力劳动而发展起来的；我们的身体在能量富足的时候储存脂肪，以保证没在有猎物或者粮食不够时，不至于饿几顿饭就丢掉性命。直到今天，我们的身体依然在延续这样的进化规律，以至于多吃几顿马上长胖，而减几斤似乎总那么难。

在人类进化史上的绝大部分时间里，我们是不缺乏运动的。客观环境所限让祖辈们不需要考虑“我应不应该去运动”的问题，因为这不是一个“选择题”，而是“必答题”。直到19世纪的工业革命，机器取代了大部分人力劳动，才产生了所谓的“白领”——不需要靠体力劳动而生存的阶层。现在，绝大多数人都在从事非体力劳动，“蓝领”越来越少，我们才真正进入了“缺乏运动”的时代。“动”还是“不动”，至此成了一道“选择题”。

纵观人类的发展史，你会发现我们的身体其实是为运动而准备的。我们每个人身体里都有运动的基因——那些没有运动基因和能力的人在进化中已经被淘汰掉了，如那些不能捕到猎物，或者不能从事繁重的农业劳作的人。我们也有运动的原始欲望。回想一下，散步或者爬山是不是总是让人心情愉快？在电脑面前坐久了是不是也会想起来走走或者舒展一下身体呢？我们的身体渴望运动，我们的肌肉时刻准备着在运动中发

挥作用。不幸的是，社会物质文明的飞速发展，早已让我们这点运动欲望淹没在“快捷”和“便利”的生活方式中：出门坐车，上班坐在电脑前，回家坐电梯，抱着手机电脑。

人类发展到今天，我们面临一个转折点：物质文明让我们的生活中完全不需要运动而生活，但我们的身体依然还需要动物去维持身体和心理的健康。这个矛盾是现阶段人类健康的主要威胁。高血压、糖尿病、心脏病，一部分癌症等那些耳熟能详的疾病，几乎全部都和缺乏运动有关。

在我们还不能从医学上完全解决这些健康问题之前，我们只有一个选择，那就是：**为了健康，重拾运动。**

这个问题对于孩子其实要简单得多。在幼儿阶段，他们还保持着很多动物本能，包括运动：从出生开始去摸、去探索、去爬，长大一点了去跳、去奔跑、去追逐。这些都存在孩子的基因中。家长需要做的，仅仅是不去破坏这些本能而已。给予足够的时间、机会，去鼓励孩子奔跑、跳跃、玩耍。

孩子们也有参加竞技运动的原始欲望。现代奥林匹克运动的发展，就源于人类在狩猎时代要求“更高，更快，更强”的需要。因为那些“更高，更快，更强”的人可以得到更多猎物，在部落中也会有更高的地位。同样的，这些基因依然存在人类的身体中。我们会因为自己学会游泳而高兴，也会因为在篮球比赛中进球而自豪，我们也希望通过比赛和队友建立起友谊，就跟我们的祖先需要团队的配合去围堵大型猎物一样。

培养孩子的运动能力没有千篇一律、一成不变的操作法则。如果有，那孩子们早就个个都是运动能手了。我们不能用传统的、灌输式教授知识的方法去培养孩子的运动能力；世界上没有一本“武林秘籍”保证孩子成为运动健将，或者保证大家都能减肥成功。这是一个摸索的过程，更是一个享受变化的过程。如果急功近利地求一个结果，常常事与愿违，甚至痛苦不堪。

至于书中罗列的那些其他运动对孩子的好处，也都是水到渠成的。回想自己参与运动的经历，其间从来都没有去想过运动可以给自己什么“好处”。所谓的好处，都是事后的“后验”经验。我相信，每个喜欢运动、热爱运动的人都会罗列出运动给他们的成长带来的种种“好处”。

运动就像是魔法师，对每个人施展不一样的魔法。如数家珍写那么多，不是希望家长去记住运动能让孩子怎样，而是希望家长建立起一种自信：**运动是孩子的需要，运动能让孩子“更好”**。至于怎么个“好”法，就让运动在孩子身上施展它的魔法，去享受运动带来的“无心插柳”之喜吧。

运动不会让我们永葆青春，甚至很难让自己拥有心中完美的身材。我们除了为健康而运动，更应该去探索和体会运动带给自己精神和心灵的力量。而对于步入中年的家长而言，拾起运动，是为了挽救我们酸胀的腰、僵硬的颈椎、转不动的大脑，消沉的情绪和慢下来的新陈代谢。

不知道是谁说过，大多数人到了三十多岁后都是在重复自己之前的人生。生活似乎少了些新意，多了些重担；年轻时候的朝气蓬勃似乎在生活的历练中渐渐远去，斗志渐失。运动终可以给我们一些积极向上和朝气蓬勃。如果你的生活艰难，它可以给你一些力量坚持下去；如果你的生活迷茫，它也许会给你些新意；如果你的生活风平浪静，那它可以给你一个目标，让你每天有一个努力的方向。

图书在版编目(CIP)数据

奔跑吧孩子：儿童运动心理及实践手册 / 燕子著
. — 北京：中国法制出版社，2023.5
ISBN 978-7-5216-3377-1

Ⅰ. ①奔…　Ⅱ. ①燕…　Ⅲ. ①儿童－体育运动－心理健康－手册　Ⅳ. ① G808.17-62 ② G444-62

中国国家版本馆 CIP 数据核字(2023)第 058426 号

策划编辑：李　佳
责任编辑：刘冰清　　封面设计：汪要军

奔跑吧孩子：儿童运动心理及实践手册
BENPAO BA HAIZI : ERTONG YUNDONG XINLI JI SHIJIAN SHOUCE

著者 / 燕子
经销 / 新华书店
印刷 / 三河市国英印务有限公司
开本 / 880 毫米 ×1230 毫米　32 开　　印张 / 9　字数 / 272 千
版次 / 2023 年 5 月第 1 版　　2023 年 5 月第 1 次印刷

中国法制出版社出版
书号 ISBN 978-7-5216-3377-1　　定价：42.00 元

北京市西城区西便门西里甲 16 号西便门办公区
邮政编码：100053　　传真：010-63141600
网址：http://www.zgfzs.com　　**编辑部电话：010-63141837**
市场营销部电话：010-63141612　　**印务部电话：010-63141606**